0~3 岁早期教育公共服务跨部门合作机制研究

张晓梅　著

天津大学出版社
TIANJIN UNIVERSITY PRESS

图书在版编目(CIP)数据

0～3岁早期教育公共服务跨部门合作机制研究 / 张晓梅著. -- 天津 : 天津大学出版社, 2022.1
ISBN 978-7-5618-7128-7

Ⅰ. ①0… Ⅱ. ①张… Ⅲ. ①婴幼儿－早期教育－研究 Ⅳ. ①G61

中国版本图书馆CIP数据核字(2022)第013881号

0～3SUI ZAOQI JIAOYU GONGGONGFUWU KUABUMEN HEZUO JIZHI YANJIU

出版发行　天津大学出版社
地　　址　天津市卫津路92号天津大学内(邮编:300072)
电　　话　发行部:022-27403647
网　　址　www.tjupress.com.cn
印　　刷　北京虎彩文化传播有限公司
经　　销　全国各地新华书店
开　　本　710mm×1010mm　1/16
印　　张　12.5
字　　数　259千
版　　次　2022年1月第1版
印　　次　2022年1月第1次
定　　价　38.00元

目　录

导　言

0~3 岁婴幼儿的照护服务是人类生命全周期服务管理的重要内容，事关婴幼儿健康成长，事关千家万户。科学研究表明，婴幼儿一出生就已经具有了惊人的学习能力。婴幼儿早期学习机会的获得是促进其一生健康全面发展的重要基础。为 0~3 岁婴幼儿创造科学适宜的学习环境，提供丰富多样的学习内容，能够促进其在语言、智力、运动、情感与社会性等方面的发展，为后续学习与发展奠定良好基础。

我国政府在《国家中长期教育改革和发展规划纲要（2010—2020 年）》中明确提出“重视 0~3 岁婴幼儿早期教育”；2012 年教育部下发了《教育部办公厅关于开展 0~3 岁婴幼儿早期教育试点的通知》，对我国早期教育服务体系的构建做了明确指导和部署。但是，经过两年的努力，我国 0~3 岁早期教育公共服务供给仍然十分紧缺，供需严重失衡，在管理体制、资源配置、师资培养培训、质量监管等方面还存在诸多亟待解决的问题。2016 年 1 月 1 日全面两孩政策实施后，优质的 0~3 岁早期教育服务更成为家庭和社会的期待。

当时，从已有研究成果来看，国内学者开始逐步重视 0~3 岁婴幼儿早期教育公共服务问题，对于 0~3 岁早期教育公共服务的重要性、现状和存在的问题有较多关注，并借鉴国外经验从宏观上提出了一些解决对策。但由于 0~3 岁早期教育公共服务涉及多个部门，跨领域合作是解决早期教育公共服务领域复杂问题的新方法和新途径。我国学界关于 0~3 岁婴幼儿早期教育公共服务跨部门合作机制的研究十分不足，对国外早期教育领域跨部门合作的成功案例及其经验、我国各级政府如何建立健全早期教育服务的跨部门合作机制方面的研究也相对较少。

基于此，2016 年本人申请的课题“0~3 岁早期教育公共服务跨部门合作机制研究”被全国教育科学规划领导小组办公室作为全国教育科学规划“十三五”规划 2016 年度教育部重点课题正式立项。本课题分析研究了我国 0~3 岁早期教育公共服务的问题与成因，梳理总结了我国先进和试点地区 0~3 岁早期教育公共服务的实践经验，借鉴分析了美国 0~3 岁早期教育公共服务跨部门合作的创新实践，收集整理了我国发展 0~3 岁婴幼儿早期教育公共服务的新举措。本研究试图从跨部门合作视角入手，结合我国的实际情况，认为我国 0~3 岁早期教育公共服务涉及发展改革部门、卫生健康部门、教育部门、妇联、早教机构等多个相关部门和主体，只有构建跨部门合作机制，才能为我国 0~3 岁婴幼儿及其家庭提供高质量的早期教育公共服务。本研究在总结国内外先进和试点经验的基础上，提出了构建 0~3 岁早期教育公共服务跨部门合作机制的建议和对策。2019 年年底，该课题通过了专家鉴定顺利结题。

为推动我国 0~3 岁婴幼儿照护服务的健康发展，2019 年以来，我国政府又陆续采取了一系列新的举措。2019 年 5 月，国务院办公厅印发了《关于促进 3 岁以下婴幼儿照护服务发展的指导意见》，明确指出“婴幼儿照护服务发展工作由卫生健康部门牵头，发展改革、教育、公安、民政、财政、人力资源社会保障、自然资源、住房城乡建设、应急管理、税务、市场监管等部门要按照各自职责，加强对婴幼儿照护服务的指导、监督和管理”。2019 年 8 月 29 日，住房和城乡建设部重新修订了《托儿所、幼儿园建筑设计规范》。2019 年 10 月 8 日，国家卫生健康委组织制定了《托育机构设置标准（试行）》和《托育机构管理规范（试行）》。2019 年 10 月 9 日，国家发展改革委、国家卫生健康委共同起草形成了《支持社会力量发展普惠托育服务专项行动实施方案（试行）》和《支持社会力量发展普惠托育服务专项行动项目和资金管理办法（试行）》; 2021 年 1 月 12 日，国家卫生健康委印发了《托育机构保育指导大纲（试行）》，以指导托育机构为 3 岁以下婴幼儿提供科学、规范的照护服务。

这些政策的出台不仅明确了我国 0~3 岁婴幼儿照护服务工作的指导思想和总体要求，还明确了各相关部门的具体分工。在政府的统一领导下，各部门各尽其职、各负其责、分工协作，必将推动我国 0~3 岁婴幼儿早期教育公共服务跨部门合作机制的形成和发展。在国家政策的引导下，一些地方政府也在因地制宜地积极探索构建 0~3 岁婴幼儿早期教育公共服务跨部门合作机制。

尽管如此，要建立 0~3 岁婴幼儿早期教育公共服务跨部门合作机制还面临很多挑战。因为 0~3 岁是一个极其独特的年龄阶段，这个阶段孩子的养护、医疗保健和早期教育实际上是分不开的，不仅要实现保教结合，也要实现医教结合，这就要求从事相关工作的人员一方面要加强合作，另一方面要相互学习，只有具备了跨学科的知识才能做好这项工作。更重要的是，我国对于 0~3 岁婴幼儿照护服务的研究机制还尚未成熟，如对 0~3 岁儿童的科学研究、多学科地认识它的发展规律还不深入，相关的基础研究的投入不多，相关的研究人员较少，高度跨学科的工作也很缺乏。这些挑战都是我国建立 0~3 岁婴幼儿早期教育公共服务跨部门合作机制需要面对的。

当前，我国正以习近平新时代中国特色社会主义思想为指导，按照统筹推进“五位一体”总体布局和协调推进“四个全面”战略布局要求，坚持以人民为中心的发展思想，以需求和问题为导向，推进供给侧结构性改革，建立和完善促进婴幼儿照护服务发展的政策法规体系、标准规范体系和服务供给体系，充分调动社会力量的积极性，多种形式开展婴幼儿照护服务，逐步满足广大人民群众对 0~3 岁婴幼儿照护服务的需求，促进婴幼儿健康成长、广大家庭和谐幸福、经济社会持续发展。2021 年 5 月 31 日，中共中央政治局召开会议，会议指出，实施一对夫妻可以生育三个子女政策及配套支持措施，有利于改善我国人口结构、落实积极应对人口老龄化国家战略、保持我国人力资源禀赋优势。“三孩政策”的实施必将对构建 0~3 岁婴幼儿早期教育公共服务提出更高要求，社会和民众也将对此有更高的期待。

《0~3 岁早期教育公共服务跨部门合作机制研究》是在作者主持的全国教育科学规划“十三五”规划 2016 年度教育部重点课题“0~3 岁早期教育公共服务跨部门合作机制研究”（DHA160301）的研究成果基础上，结合我国 0~3 岁婴幼儿早期教育公共服务所面临的新形势，以及我国发展 0~3 岁婴幼儿早期教育公共服务所采取的新举措完成的，旨在探索构建跨部门合作的 0~3 岁婴幼儿早期教育公共服务体系及运行机制，为整合我国 0~3 岁早期教育资源，促进 0~3 岁早期教育领域的高效管理和良性发展提供有价值的参考，以助力当下我国 3 岁以下婴幼儿托育服务体系的构建。

本书共分六章：第一章为课题研究成果公报，集中展示了课题研究的内容与方法、结论与对策、成果与影响，以及研究需要改进与完善的地方；第二章为立项背景，重点交代了时代背景、文献综述、理论基础和研究价值；第三章为研究思路与研究方法，简单介绍了本研究的具体思路和采用的具体方法；第四章为研究发现，详细介绍了国内 0~3 岁婴幼儿早期教育公共服务的现实困境、国内 0~3 岁婴幼儿早期教育公共服务先进和试点地区的实践经验、美国 0~3 岁婴幼儿托育服务的政策创新及其实践，以及我国发展 0~3 岁婴幼儿早期教育公共服务的新举措；第五章为分析与讨论，重点以山东省和南京市为例分析国内 0~3 岁婴幼儿早期教育公共服务的现实困境，以上海市和青岛市为例分析总结国内 0~3 岁婴幼儿托育服务先进和试点地区的实践经验，以美国婴幼儿专家网络体系为例系统分析讨论了美国 0~3 岁婴幼儿托育服务的政策创新与实践，以及我国发展 0~3 岁婴幼儿早期教育公共服务的新举措；第六章为研究结论与建议，明确提出要为 0~3 岁婴幼儿及其家庭提供高质量的早期教育公共服务，必须构建跨部门合作机制，并为此提出了建议和对策。本书最后以附录列示了已公开发表的研究成果。

本书不仅关注宏观政策对建构 0~3 岁婴幼儿早期教育公共服务体系的价值，而且更加强调 0~3 岁婴幼儿早期教育服务体系建构的宗旨是促进婴幼儿身心发展，也从早期教育服务体系的管理、运行、监评层面深入考察 0~3 岁婴幼儿早期教育公共服务体系，并尝试提出构建跨部门合作机制的方案和举措，以期为其他相关研究提供思路、框架和策略等方面的参考和借鉴。本书立足于解决当前早期教育供需矛盾，提高早期教育质量，为婴幼儿的健康成长和发展提供良好的环境和条件，以促进 0~3 岁婴幼儿早期教育公共服务管理科学化、早期教育机构运行规范化，促进家庭稳定、社会和谐，以提高未来人力资源质量和国家综合竞争实力。随着“三孩政策”的全面实施，新生儿的数量不断增长，家庭对托育公共服务需求必然增长，而现有的托育公共服务体制不健全，0~3 岁婴幼儿托育服务存在数量与质量的双重难题。研究探索建构完善的 0~3 岁婴幼儿早期教育公共服务跨部门合作机制，不仅有助于推动我国全面“三孩政策”的真正落地，平衡家庭、工作与育儿之间的现实矛盾，维护家庭稳定和社会和谐，还必将有助于优化人口结构、增加劳动力供给、减缓人口老龄化压力、提高人口质量，进一步增强国家综合竞争实力。

第一章　0~3 岁早期教育公共服务跨部门合作机制研究成果公报

一、内容与方法

（一）研究内容

0~3 岁早期教育是人最早接受的教育。0~3 岁婴幼儿的早期教育公共服务已经成为很多国家优先发展与投入的领域。这些国家在财政投入、立法保障、政策制定、体系构建等方面强化对该领域的管理，实施以 0~3 岁婴幼儿早期教育公共服务为切入点的国家行动，取得了巨大的社会和经济效益。然而，我国政府主导的公益性 0~3 岁早期教育公共服务资源普遍匮乏，当前我国早期教育服务机构多为市场监管部门注册，缺少统一的行业标准和有效的教育监管，针对早期教育服务从业人员的资格认定、职业准入等相关制度也不健全，以至于陷入管理“真空”。针对这一困境，本书旨在探索构建跨部门合作的 0~3 岁婴幼儿早期教育公共服务体系及其运行机制，为整合我国 0~3 岁早期教育资源，促进早期教育领域的高效管理和良性发展提供有价值的参考。本书研究内容如下。

1. 我国 0~3 岁早期教育公共服务存在的问题与成因

1）部门壁垒与碎片化服务是早期教育公共服务的现实困境

我国政府在《国家中长期教育改革和发展规划纲要（2010—2020 年）》中明确提出“重视 0~3 岁婴幼儿早期教育”；2012 年教育部下发《教育部办公厅关于开展 0~3 岁婴幼儿早期教育试点的通知》，对我国早期教育公共服务体系的构建做了明确指导和部署。近几年来，我国各地政府也在努力探索符合本地实际的早期教育服务体系，但综观我国早期教育公共服务供给体系会发现，在管理体制、资源配置、师资培养培训、质量监管等方面还存在诸多亟待解决的问题。

2）虽有多方主体介入，但权责不明、职责不清

我国早期教育公共服务事业的发展涉及教育、卫生、市场监管、妇联、社区、早教机构等多个职能部门和主体，在实践中各部门和主体各自为政、权责不明、相互推诿，碎片化服务现象明显。虽然我国早期托育服务归卫生部门管理，但卫生部门只负责婴幼儿的防疫、卫生监管等，无暇顾及教育；在教育归属上，0~3 岁早期教育属于基础教育范围，就现状来看，我国 0~3 岁早期教育往往被看作幼儿园业务的延伸，在基础教育领域处于“边缘”地位，虽有顾及但鞭长莫及。作为当前市场上早期教育服务供给主力军的民办早教机构，由于受商业利益的驱使，趋利现象明显，缺乏提供公益性早期教育服务的动力。最接近婴幼儿的社区，虽有地理资源优势，但由于社区人员职能范围有限，也很难发挥资源优势。随着社会对婴幼儿早期教育事业的需求日益增强，早期教育体制性问题日益凸显。

3）虽有多方服务供给，但缺乏合作，资源难以整合

目前我国早期教育服务机构主要有三大类：第一类是由政府财政投资的公立幼儿园开设的幼托班，一般接收 2 周岁以上的幼儿，其师资来源主要是幼儿园的兼职老师，由于各地教育局幼教经费有限，对这类托幼机构的经费投入更是微乎其微，其数量和招收的幼儿也很有限，根本无法满足广大家庭对早期教育服务的需求；第二类是妇联、妇幼保健院或各类婴幼儿用品销售单位，这类机构尽管经费相对宽裕，但开展的早期教育服务由于受人员数量、服务形式、活动场地、活动时间等方面的限制，难以惠及所有适龄儿童；第三类是民办的婴幼儿早期教育机构，这类机构完全由民间个人或团体投入资金开办，收费比较昂贵，虽机制比较灵活，但也面临执照审批困难、运营成本高、师资队伍不稳定、生源不足、缺乏专业指导等一系列问题。

4）虽有政策重视，但无行业标准，质量监管出现“真空”

纵观我国政府出台的教育政策，曾多次提到要重视早期教育。但是，迄今为止相关法规制度体系和规范标准体系尚未健全，导致对早期教育机构质量难以监管。对早期教育机构的监管既涉及教育，又涉及市场监管，还涉及卫生健康委等多个部门。但由于缺乏相应的法律法规和行业标准，就必然会出现各部门之间相互推诿的现象，造成监管上的实际“真空”。

2. 我国先进和试点地区 0~3 岁早期教育公共服务的实践

1）上海市构建 0~3 岁婴幼儿早期教育公共服务体系的实践

上海市推进 0~3 岁婴幼儿早期教育公共服务工作的总体思路为：坚持以家庭养育为主，坚持政府鼓励引导、社会多方参与。主要从四个方面实施。

第一，以家庭为主强化科学育儿指导。构建了面向所有家庭的 3 岁以下幼儿早期教育指导服务体系，成立市、区两级早教指导中心，全市近 900 个早教指导点已经覆盖所有街镇，拥有 3 岁以下常住人口的家庭能够接受 6 次及以上高质量的免费科学育儿指导的已达 98.2%。

第二，率先构建早教机构管理制度。2018 年 4 月，上海市在全国率先出台托育服务“1+2”文件:《关于促进和加强本市 3 岁以下幼儿托育服务工作的指导意见》《上海市 3 岁以下幼儿托育机构管理暂行办法》《上海市 3 岁以下幼儿托育机构设置标准（试行)》，建立管理长效机制。

第三，鼓励多方参与提供早期教育服务资源。鼓励支持有条件的公民办幼儿园开设托班，鼓励集体办托儿所增加托班供给，将普惠性托育点建设纳入市政府实事项目，鼓励社会力量开办早期教育服务机构。

第四，加强早期教育师资队伍建设。2018 年上海市出台了《上海市 3 岁以下幼儿托育机构从业人员与幼儿园师资队伍建设三年行动计划（2018—2020 年)》，通过扩大招生计划、强化政策资源配置等措施，加大早期教育服务机构从业人员和幼儿园师资的培养力度；同时，依托职业院校和开放大学，强化对育婴员、保育员、幼儿保健员、营养师等需要持证上岗从业人员的职前、职后培训。各区也都成立了托育服务指导中心，构建上海市托幼服务的工作体系。

2）青岛市 0~3 岁婴幼儿早期教育公共服务试点实践

2012 年底，山东省青岛市被教育部确定为全国 0~3 岁婴幼儿早期教育试点城市。青岛市以 0~3 岁婴幼儿生长发育规律为依据，以提升家长（看护人）科学育儿水平，促进婴幼儿身心健康成长为目的，按照“政府主导、部门协作、医教结合、科学专业”的基本原则，把 2013 年 1 月—2015 年 12 月作为试点时间，努力构建以幼儿园和妇幼保健机构为依托，面向社区、指导家长的婴幼儿早期教育公共服务体系。

第一，制定政策、明确分工指导和开展试点。青岛市颁布多项法规，指导早期教育工作的实践。其中，《青岛市学前教育条例》明确将早期教育列入地方立法;《青岛市 0~3 岁婴幼儿教养指导纲要（试行)》对早期教育教养理念、教养内容与要求、婴幼儿成长观察要点及教养指导与实施做了详细说明。

第二，设立专项资金，提供经费保障。青岛市财政在学前教育专项经费中设立了专项经费，主要用于扶持本市幼儿园等机构或组织开展公益性早期教育指导、宣传和师资培训工作，引导、支持各区（市）0~3 岁婴幼儿早期教育试点工作。各区（市）政府设立 0~3 岁婴幼儿早期教育试点专项资金，主要用于公办早期教育机构建设、宣传指导、人员经费补助。

第三，加强人员队伍素质建设，培养专业素质高的从业人员。早期教育机构负责人原则上具备大专及以上学历，并持“双证”上岗。教养人员以学前教育专业毕业生为主，定期接受育婴师、早期教育指导师、“三优”指导师培训，并持“双证”上岗。卫生保健人员以医生、护士和保健员为主，定期接受当地妇幼保健机构组织的专业培训。

第四，制定评价制度，对实施效果进行有效反馈。对各相关部门和各级早期教育指导中心（站、点）工作实施动态管理和评估，评估结果纳入对各级政府、各部门的考核评估中来。

3. 美国 0~3 岁早期教育公共服务跨部门合作的创新实践

20 世纪 60 年代以来，美国联邦政府针对婴幼儿托育服务实施了若干重大服务项目，并取得了诸多成就。但由于这些项目隶属于不同部门，其服务对象、服务内容、资金来源也各不相同，相互之间未能形成有机整体。这种分散化、割裂化的托育服务管理模式，打破了儿童服务的整体性，极大地影响了服务项目功能的发挥。面对这一问题，在美国联邦政府重视和加强 0~3 岁婴幼儿托育服务的大背景下，一些州积极采用多种方式从不同的途径构建本州综合性的婴幼儿托育服务体系，将原本面向特定群体的婴幼儿政策与更大目标的儿童发展体系紧密整合在一起，形成了协同创新的 0~3 岁婴幼儿托育服务体系。

华盛顿州优先制定“0~3 岁婴幼儿早期发展计划”；科罗拉多州发布的《儿童早期框架》特别关注 0~3 岁婴幼儿需求；堪萨斯州整合创新财政政策成绩斐然；罗得岛州多渠道融合财政资金支持家访计划；康涅狄格州实施“助我成长”一站式导航服务；伊利诺伊州将 0~3 岁婴幼儿发育筛查作为开展合作服务的典范；印第安纳州“质量之路”（Paths to Quality）关注 0~3 岁婴幼儿的发展需求；新墨西哥州整合资源打造强大的婴幼儿从业人员队伍；加利福尼亚州借助婴幼儿专家网络提升师资水平。

从美国 0~3 岁婴幼儿托育服务的创新实践可以看出，各个州的整合举措虽然各不相同，创新亦没有固定模式，但都是以 0~3 岁婴幼儿早期公共服务体系为基础，结合本州特定背景和具体情况进行最佳整合，创新、协作、跨部门合作是其共同特征。

4. 我国发展 0~3 岁婴幼儿早期教育公共服务的新举措

面对 0~3 岁婴幼儿早期教育公共服务发展困境，我国在试点的基础上，正积极探索构建适合我国国情的中国特色社会主义的多部门合作机制，以实现幼有所托。2019 年 5 月，国务院办公厅印发《关于促进 3 岁以下婴幼儿照护服务发展的指导意见》，明确指出“婴幼儿照护服务发展工作由卫生健康部门牵头，发展改革、教育、公安、民政、财政、人力资源社会保障、自然资源、住房城乡建设、应急管理、税务、市场监管等部门要按照各自职责，加强对婴幼儿照护服务的指导、监督和管理。积极发挥工会、共青团、妇联、计划生育协会、宋庆龄基金会等群团组织和行业组织的作用，加强社会监督，强化行业自律，大力推动婴幼儿照护服务的健康发展。”

2019 年 8 月 29 日，住房和城乡建设部修订了《托儿所、幼儿园建筑设计规范》；2019 年 10 月 8 日，国家卫生健康委组织制定了《托育机构设置标准

（试行）》和《托育机构管理规范（试行）》；2019 年 10 月 9 日，国家发展改革委、国家卫生健康委共同起草形成了《支持社会力量发展普惠托育服务专项行动实施方案（试行）》和《支持社会力量发展普惠托育服务专项行动项目和资金管理办法（试行）》。在国家政策的引导下，一些地方政府也在因地制宜地积极探索构建适宜的 0~3 岁婴幼儿早期教育公共服务跨部门合作机制。

尽管如此，要建立 0~3 岁婴幼儿早期教育公共服务跨部门合作机制还面临很多挑战。因为 0~3 岁是一个极其独特的年龄阶段，这个阶段孩子的教育和养护、医疗保健是分不开的。不仅要实行保教结合，还要实行医教结合，这就要求从事相关工作的人员一方面要加强合作，另一方面要相互学习，具有跨学科的知识才能做好这项工作。更重要的是，婴幼儿的照护服务在我国还有一些特殊性，如对 0~3 岁儿童的科学研究、多学科地认识它的发展规律还不深入，相关的基础研究的投入不多，相关的研究人员较少，高度跨学科的工作也很缺乏。这些挑战都是我国建立 0~3 岁婴幼儿早期教育公共服务跨部门合作机制需要面对的。

（二）研究方法

文献研究法：通过搜集、整理和研究大量的国内外相关文献，形成对 0~3 岁早期教育公共服务跨部门合作的深入理解，做到对早期教育公共服务跨部门合作机制的全面、深入把握。

调查研究法：通过结构性和非结构性访谈等调研方法，从政府、社区、早教机构和家庭等方面调查 0~3 岁婴幼儿早期教育公共服务跨部门合作的现状、存在的问题及其成因，为跨部门合作机制的构建提供现实依据。

比较研究法：比较我国上海、青岛等地和美国多州 0~3 岁早期教育公共服务跨部门合作的经验、措施、方案和运行方式，为我国 0~3 岁早期教育公共服务跨部门合作机制的构建提供启示与借鉴。

二、结论与对策

本书从跨部门合作视角入手，分析我国 0~3 岁早期教育公共服务碎片化的现实困境。通过对国内 0~3 岁早期教育先进和试点地区的经验考察，以及对美国 0~3 岁早期教育公共服务体系创新实践的比较研究，本研究认为我国 0~3 岁早期教育公共服务涉及政府、发展改革委、卫生健康委、教育部门、妇联、早教机构等多个部门和主体，要为 0~3 岁婴幼儿及其家庭提供有质量的早期教育公共服务，必须构建跨部门合作机制。当前，我国正积极努力探索构建 0~3 岁早期教育公共服务的多部门合作机制，但由于历史和现实的多种原因而面临诸多挑战。本研究在总结国内外先进和试点经验的基础上，提出了构建 0~3 岁早期教育公共服务跨部门合作机制的建议和对策。

1. 建立完善 0~3 岁婴幼儿早期教育公共服务政策法规体系，推动婴幼儿早期教育公共服务发展

2019 年 5 月，国务院办公厅印发了《关于促进 3 岁以下婴幼儿照护服务发展的指导意见》，这是我国发展 0~3 岁婴幼儿早期教育公共服务的新举措，它为我国构建跨部门合作指明了方向并提出了要求，为各省市制定适合本地的地方性法规提供了依据和指南。由于我国幅员辽阔，地域发展不平衡，建议各级政府在国家政策的引导下，根据本地实际情况，制定适宜的政策，建立完善 0~3 岁婴幼儿早期教育公共服务政策法规体系，促进和推动 0~3 岁婴幼儿早期

教育公共服务的健康发展。

2. 各级政府、各部门各司其职、各尽其责，共同构建 0~3 岁婴幼儿早期教育公共服务跨部门合作机制

2020 年，我国出台的政策明确了各级政府、各部门职责。各级政府、各部门要各司其职、各尽其责，才能共同构建 0~3 岁婴幼儿早期教育公共服务跨部门合作机制。0~3 岁婴幼儿早期教育公共服务作为一项社会重大民生工程，解决其发展问题绝非某一个部门的事情，它需要多个部门齐心协力，共同努力。政府作为整个教育事业的规划者、管理者，也是最大的受益者，应当作为牵头部门在早期教育公共服务的规划、投入和监管等方面承担相应的职责，明确各部门的职能范围和权限，明确各有关部门的管理职责和分工，理顺主体之间的关系，建立由政府主导，教育部门和卫生健康委等部门分工负责，发展改革委、市场监管等有关部门协调配合的 0~3 岁婴幼儿早期教育公共服务跨部门合作工作体制，为 0~3 岁婴幼儿早期教育公共服务健康发展提供制度保障。

3. 优化监督管理流程，建立健全 0~3 岁婴幼儿早期教育公共服务标准规范体系

目前，虽然我国刚刚出台了一些法规，但我国 0~3 岁婴幼儿早期教育公共服务机构的市场准入、从业人员管理、服务质量监管等方面的标准体系尚未健全。政府应组织市场监管部门、教育部门、卫生健康委、早期教育机构等相关部门和主体，结合我国现阶段的早期托育发展现状，借鉴国外先进经验，围绕早期教育服务机构的申办条件、审批程序、运营管理、服务形式、质量评估、课程内容设置、早教人员从业资格等方面开展进一步的研究和探索，尽快优化监督管理流程，建立健全 0~3 岁婴幼儿早期教育公共服务标准规范体系。

4. 多渠道筹措投入资金，建立财政资金与社会资金共同参与的投入体制，完善 0~3 岁婴幼儿早期教育公共服务供给体系

当前，我国 0~3 岁婴幼儿早期教育公共服务体系以社会资本为投资主体。各级政府应加大 0~3 岁婴幼儿早期教育公共服务供给；同时，应制定相应政策吸纳社会资本参与，共同构建适合我国国情的 0~3 岁婴幼儿早期教育公共服务体系，更好地为我国 0~3 岁婴幼儿早期教育服务。

5. 加快 0~3 岁婴幼儿早期教育公共服务师资培养，构建早期教育师资专业发展体系

目前，我国 0~3 岁早期教育质量堪忧。无论是幼儿园的“小小班”还是社会上的其他早教机构，合格师资严重匮乏，问题十分突出，可以说，师资问题是制约我国早期教育健康发展的瓶颈。我国应制定严格规范的 0~3 岁早期教育专业人才培养标准，加强 0~3 岁婴幼儿师资队伍建设，吸纳婴幼儿健康、早期保育和早期学习等不同领域的专业人士共同参与，共同构建跨领域专业发展体系，提高婴幼儿早期教育公共服务质量。

6. 建议专门成立 0~3 岁婴幼儿早期教育公共服务工作机构，搭建跨部门合作交流平台

针对我国早期教育资源总量供给不足，各部门教育资源难以整合、信息难以共享的现状，建议由政府提供经费、制度等各项保障，由教育部门、卫生健康委、市场监管部门、妇联等各部门联合组建合作交流平台，充分发挥各部门优势，最大限度地整合和优化各部门的资源，最大限度地增强部门之间的合作与早期教育服务的整体化，最大限度地减少部门之间的壁垒和碎片化服务，为广大家庭提供无缝隙早期托育服务。由政府牵头，各职能部门及

早教机构等为成员单位，成立“0~3岁婴幼儿早期教育公共服务机构”，定期召开成员会议，共同商议0~3岁婴幼儿早期托育的重大政策和重大事宜，研究婴幼儿早期托育方面存在的重大问题，不断推出新举措推动跨部门合作服务机制的深入进行。

总之，我国0~3岁婴幼儿早期教育公共服务还存在诸多挑战，应尽快探索我国0~3岁婴幼儿早期教育公共服务规范化管理，构建0~3岁婴幼儿早期教育公共服务跨部门合作机制，健全0~3岁婴幼儿早期教育公共服务体系，完善管理与运行机制，提高服务质量。

三、成果与影响

本书研究共发表论文四篇：三篇为北大核心论文，一篇为高校学报论文，均为独家注明。其中一篇中文核心论文被人大复印报刊资料《幼儿教育导读（教师教学）》全文转载。具体见本书附录。

四、改进与完善

本书研究主要选取了我国部分0~3岁婴幼儿早期教育先进和试点地区进行考察，没有全面考察我国0~3岁婴幼儿早期教育所有先进和试点地区的情况，这样就很难将我国0~3岁婴幼儿早期教育试点地区的成果经验和存在的问题全面反映出来；对国外0~3岁早期教育的考察，也仅仅重点考察了美国0~3岁早期教育公共服务体系创新实践。我国幅员辽阔、地区发展不平衡，必须因地制宜，建立行之有效的跨部门合作机制，为0~3岁婴幼儿及其家庭提供有质量的早期教育服务。2020 年，我国陆续出台了一些法规，这将改善我国 0~3 岁婴幼儿早期教育公共服务环境。这些都是下一步研究需要努力改进和完善的地方。

第二章 立项背景

第一节 时代背景

0~3 岁婴幼儿早期教育是人最早接受的教育。0~3 岁婴幼儿的早期教育服务已经成为很多国家优先发展与投入的领域，这些国家在财政投入、立法保障、政策制定、体系构建等方面强化对该领域的管理，实施以 0~3 岁婴幼儿早期教育服务为切入点的国家行动，取得了巨大的社会和经济效益。

20 世纪 90 年代，美国联邦政府实施了面向处境不利家庭的 0~3 岁婴幼儿服务项目“早期开端计划”（Early Head Start），这是始于 60 年代的“开端计划”延伸到 3 岁以下婴幼儿的早期教育项目；2008 年，美国 0~3 岁政策中心发布了《0~3 岁婴幼儿早期学习指南》，为各州政府制定和颁布婴幼儿学习标准提供了政策和专业依据；[①]2011 年联邦政府又实施了旨在帮助婴幼儿早期学习和发展的“早期学习挑战”（ Early Learning Challenge ）项目，确保对 0~3 岁婴

① Petersen, Sandra ,lynn Jones.Early Learning Guidelines for Infants and Toddlers:Recommendations for State Zero to three,2008. http://www.zerotothree.org/public-policy/building-early-childhood-systems/early_learning_guide_for-infants.pdf

幼儿保育服务的专项财政投入。[①]21 世纪初期，英国教育和技能（Department for Education and Skills，DfES）出台了 0~3 岁儿童课程指导和发展框架《0~3 岁很重要》（*Birth to Three Matters*）[②]，并通过整合保教一体化服务逐步建立起 0~5 岁儿童学习、发展和保育的统一的政府框架。[③] 到 2011 年，英国已经逐步将免费育儿场所的招收对象从 5 岁儿童扩展至 2 岁儿童。[④]

改革开放以来，我国 0~3 岁婴幼儿教育政策在不断变化，我国也在逐步构筑自己的婴幼儿教育发展道路，初步取得了一些进展。但总体来看，依然存在不少问题：中央政府部门和地方政府部门没有足够重视 0~3 岁婴幼儿教育，导致对社会力量办学缺乏政策上的规范与引导，对政策环境缺乏深入分析，对教育经费来源和师资标准没有明确规定，对弱势儿童早期教育的政策关怀几乎是空白的，3 岁前婴幼儿教育主管归属问题仍不明确。[⑤]

在改革开放之前的高度计划经济时期，在解除女性后顾之忧和儿童是国家财富的双重定位下，我国婴幼儿早期公共托育机构发展迅速，几乎所有的大型单位都有自己的托儿所，都能为本单位职工的婴幼儿提供生活照护和早期教育服务。那时我国政府通过企业、厂矿、学校、机关等单位介入婴幼儿早期公共托育服务，这在一定程度上解决了妇女在工作和育儿之间的矛盾，使妇女在工作就业与抚育儿童之间形成了很好的柔性衔接。但是，随着我国婴幼儿早期教

---

① U.S. Department of Education.U.S. Department of Health and Human Services. Race to the Top- Early Learning Challenge Executive Summary［EB/OL］.

http//www2.ed.gov/programs/racetothetopearlylearningchallenge/resources/ExecutiveSummary.PDF.

② Abbott L, Langston A. Birth to Three Matters:Supporting the Framework of Effective Practice[M]. Open University Press，2004.

③ 霍立岩，齐政珂．全面整合学前儿童服务体系——走向“保教一体化”的英国学前教育 [J]. 比较教育研究．2010,32(05):81-85.

④ 何伟强．新工党执政时期英国学前教育改革述评 [J]. 全球教育展望，2011（12）：31-54.

⑤ 何媛，郝利鹏．我国当代 0 ～ 3 岁婴幼儿教育政策分析 [J]. 广西师范大学学报，2009（06）：94-98.

育服务范围和规模的不断扩大，这种单一型政府全包供给模式的不足也就逐渐显现出来。无论是在财力上，还是在管理上，都给政府带来了极大的压力。

随着我国改革开放政策的实施，市场经济的逐步引入改变了政府、单位包办一切的做法，弱化了政府在婴幼儿早期教育服务中的责任。我国婴幼儿早期教育服务也打破了政府是唯一提供者的固有观念，民营等市场主体也参与到公共服务中来。然而，市场体制的不健全，政策的断层让婴幼儿早期教育服务的生长缺乏良好的土壤。随着我国原有的婴幼儿早期教育服务体系持续萎缩，民营婴幼儿早期教育机构与幼儿园逐步崛起。但由于缺乏有效的顶层设计，相关政策缺位，部门职责不清，早期教育服务的发展无章可循。虽然我国民营婴幼儿早期教育机构与幼儿园在数量上增加了，但其质量良莠不齐，未能与政府公共托幼服务的断层形成有效衔接，导致我国婴幼儿早期教育服务青黄不接。政府主导的公益性婴幼儿早期教育服务资源普遍匮乏。

在曾经一段时间里，我国早期教育服务机构多为市场监管部门注册，缺少统一的行业标准和有效的教育监管，针对早期教育服务从业人员的资格认定、职业准入制度也不健全，以至于陷入管理的“真空”。原先完全由政府承担一切的托育功能转嫁给了市场，但在市场无法正常有序运行的情况下，家庭作为最后一道防线只能责任自理，而政府和市场对此所做的弥补却非常有限。我国婴幼儿早期教育服务领域仅依赖国家或只强调市场化，都不利于托育服务事业的有序发展，只有根据我国的实际情况探索适合的婴幼儿早期教育服务供给体系才是可行之道。

2016 年 1 月 1 日全面两孩政策的实施，人民对优质的 0~3 岁早期教育服务更为期待。无论在规模上，还是在数量上，我国 0~3 岁早期教育服务都无法满足家庭的需要。供给主体与供给形式上也都较为单一，政府和市场两个主体各自单独供给，并未形成供给合力。我国 0~3 岁婴幼儿早期教育服务尚缺乏标准化规范建设的依据，管理上还比较混乱，这也限制了我国 0~3 岁婴幼儿早期教育服务服务健康有序地发展。全面两孩政策的实施是我国人口生育政策的重大转变，其目标的实现需要整体配套措施的完善，而我国政府作为公共服务的主要提供者与促进者，有责任通过对 0~3 岁儿童家庭提供公共托育服务，从实质上缓解家庭生育第二个孩子的各种压力。

随着全面两孩政策的实施，0~3 岁婴幼儿早期教育公共服务的议题再一次进入公众视野，建立以政府为主导，多部门共同参与的 0~3 岁婴幼儿早期教育公共服务也逐渐成为社会的共识。本课题正是在此背景下提出的，旨在为现实困境提供参考方案。我国 0~3 岁早期教育公共服务面临的现实困境为本课题提供了研究的必要性。

第二节 文献综述

随着时代的不断发展，0~3 岁婴幼儿早期教育服务问题逐步受到国内学者的重视。从已有研究成果来看，我国学者对于 0~3 岁早期教育服务的重要性、现状和存在的问题有较多关注，并借鉴国外经验从宏观上提出了一些解决对策。通过对检索到的文献进行梳理发现，当前国内外学者对 0~3 岁婴幼儿公共服务体系相关研究主要集中在以下几个方面：

一、关于我国早期教育的相关研究

（一）0~3 岁婴幼儿公共服务现状和问题研究

在社会需求迫切的大背景下，我国公共服务却存在严重短缺。调查显示，当前 84% 的 0~3 岁婴幼儿养育职责由家庭承担，婴幼儿在中国各类幼托机构的入托率较低，城市 0~3 岁幼儿入托率不到 10%，远低于一些发达国家 50% 的比例。[①] 需求与供给的矛盾是当前公共服务最大的问题所在。

对托育机构的管理服务集中体现在师资培养、机构审批、管理网络三方面。从师资培养来看，一方面，原则上对 0~3 岁婴幼儿师资的培训，要求依托高校学前教育专业和医学专业，进而对从业人员的培训课程、培养模式、从业资格与专业素质等做出科学指导。当前，虽然已有多所高职院校开设早教专业，但培养的早教人才是否与早教市场需求相适应，尚无具体调查论证。另一方面，托育行业需要较高素质的师资队伍，从试点城市来看，青岛市已经开始探索教养指导人员的分类管理方案，并要求早期教育人员持教师资格证、育婴师证上岗。上海市也颁布了《上海市育婴师职业标准》，对早教行业进行了行政规范。走在早期教育前列的南京市已经执行相关政策，56% 的机构每周至少对教师进行 1~2 次的培训，31% 的机构达到 2~3 次。师资队伍的规范化问题日益受到重视，但也凸显出很多问题。首先，早期教育走在全国前列的南京市无证从业人员有近 50%，体量仍然较大；其次，目前国家颁布的法规中没有

① 李沛霖，王晖，丁小平，等．对发达地区 0~3 岁儿童托育服务市场的调查与思考——以南京市为例 [J]. 南方人口，2017,32(02):71-80.

3 岁前托育与相关指导人员的要求与标准，使得地方标准盛行，不利于托育行业的整体规范；最后，以上列举的仅仅是试点城市托育师资现状，非试点城市将会面临更严峻的问题。

从机构审批来看，当前我国 0~3 岁早期教育机构主要包括教育部门举办的幼儿园、医疗机构附属设立的早教基地、人口计生部门推进的 0~3 岁科学育儿基地以及社会办学的早期教育机构，其中社会办学机构占主体地位。① 但是当前社会托育机构无证经营较多，根据我国现行法律法规，教育部门审批发放的办学许可证，只针对教授知识或技能的培训机构，0~3 岁的托育机构不在此范畴，这些托育机构面临无证可办的窘境。另外从试点城市来看，南京市先后出台《南京市 0~3 岁婴幼儿保育机构设置管理暂行办法》，青岛市印发《关于进一步规范早期教育指导机构管理工作的通知》，用以规范托育机构市场，但是对于缺少顶层设计的托育行业，暂行办法的出台仍有局限性。

从管理网络来看，部分城市已经初步形成管理网络体系。例如：上海市的教育、妇联、卫生健康委和社区共同参与、分工明确；江苏省南京市设立了四级服务体系，市（区）婴幼儿早期发展指导中心、街道（乡、镇）婴幼儿早期发展指导服务站、社区（村）亲子活动室。但是，由于各地区情况不一，也没有明确的监管部门，尽管试点地区管理网络初具规模，但其经验是否值得推广，在大的范围内没有尝试。

综合来看，我国当前托育市场状况不容乐观。供需不平衡、师资水平不高、审批困难、管理混乱仍然是托育行业需要解决的问题。

---

① 佘宇，张冰子．构建 0~3 岁婴幼儿早期发展服务体系研究 [M]. 北京：中国发展出版社，2016：10.

（二）我国 0~3 岁婴幼儿公共服务体系构建的理论研究

公共服务相关理论的发展为 0~3 岁婴幼儿公共服务体系的构建提供了理论基础，它经历了从传统公共行政理论到新公共管理理论再到新公共服务理论的范式转变与发展历程。福利国家理论提出教育公共服务是政府的责任，应该由政府来保障公民的受教育权。公共选择理论则认为公共服务由政府垄断供给必然造成腐败低效，主张打破政府的垄断地位，引入市场竞争机制，将政府的一些职能交给市场和社会。新公共管理理论把公共服务作为其核心价值追求，较好地回答了如何高效率、高质量地提供公共服务。治理理论创新了教育公共服务的提供方式，认为公共服务不应由政府包办，而是社会系统要素之间协调、对话、谈判以及追求广泛的共识和参与，公民不仅是公共服务的接受者，还是公共服务的合伙人、参与者、监督者甚至是设计者、提供者。新公共服务理论主张建立一种基于公民权、民主和为公共利益服务的模式，强调以人为本、责任意识、服务至上，管理者应强化服务意识，社会公众的满意度是评判公共服务的最终标准。①

综上所述，公共服务理论的发展从强调政府的责任到引入市场竞争机制，再到强调教育公民权和公共利益的新公共服务理论，摒弃了政府权威和教育效益至上的理念，以公民利益和民主为核心，主张发挥政府和市场这两种资源配置方式的效力，突出政府在教育治理结构中的公共利益协商作用。新公共服务理论所倡导的公共服务理念已日益为现代民主国家所接受与推行，也为 0~3 岁婴幼儿公共服务体系的构建提供了理论思路。

---

① 何鹏程 . 教育公共服务体系构建研究 [D]. 上海：华东师范大学 ,2012.

（三）我国地区性 0~3 岁婴幼儿公共服务体系的实践探究

在早期教育公共服务发展的大背景下，很多省市和地区相继出台了 0~3 岁婴幼儿早期教育政策，并且地方政府所制定的政策也更加具体，为 0~3 岁婴幼儿早期教育公共服务体系的实践探索提供了指导。如上海市发布了《关于推进上海市 0~6 岁学前教育管理体制改革的若干意见》《上海市民办早期教养服务机构管理规定》和《上海市 0~3 岁婴幼儿教养方案》；南京市颁布了《南京市 0~3 岁婴幼儿早期发展工作提升行动计划（2017—2020 年）》《南京市 0~3 岁婴幼儿早期教养机构设置管理办法（试行）》和《南京市 0~3 岁婴幼儿早期教养机构设置基本条件（试行）》；青岛市颁布了《青岛市 0~3 岁婴幼儿教养指导纲要（试行）》。这些政策方针的颁布，给早期教育的发展提供了政策支持，促进了 0~3 岁婴幼儿早期教育事业健康发展。

总体来看，国家的早期教育试点城市及经济发达的地区在早期教育政策制定方面更积极，并能根据实际出现的问题制定相应的政策、文件。但对于早期教育师资的标准、经费来源等问题没有明确的规定。因此，在下一步的工作中，针对以上这些问题进行细致的分析与研究是非常必要的。政府一方面应及早制定早期教育师资的标准，提高早期教育师资的质量；另一方面应给予 0~3 岁婴幼儿早期教育以经费上的保障，使 0~3 岁婴幼儿早期教育的发展没有后顾之忧。同时，应加快国家层面 0~3 岁婴幼儿早期教育制度的发展。地方政府尤其是经济发达地区应开始重视 0~3 岁婴幼儿早期教育，并制定相应的早期教育政策，但是从全国范围看，很多地方政府仍然无力顾及 0~3 岁婴幼儿早期教育。因此加快国家层面 0~3 岁婴幼儿早期教育制度的完善，不仅能为 0~3 岁婴幼儿早期教育的发展提供最高层次的法律依据，而且将促进地方各级政府把 0~3 岁婴幼儿早期教育事业的发展作为其政治责任。

二、0~3 岁婴幼儿公共服务体系的国际比较研究

西方国家关于婴幼儿的公共服务工作起步较早，相对而言已经较为成熟。从托育方式看，一些国家的婴幼儿自出生至 3 岁皆由教育机构托育。其中，机构式托育主要指由托婴中心、幼儿园照顾，居家式托育主要是指由祖父母及其他亲戚、保姆照顾。以下从部分国家对托育工作的财政投入以及政策法规扶持，各部门对托育工作的质量监管，对托育从业人员的资格认定和培训指导方面予以综述。

（一）对公共服务工作的财政投入与政策法规

1. 政府对公共服务工作的财政扶持

公共服务工作费用一般由政府、家庭共同承担，在高社会福利国家（如挪威、丹麦、瑞典等），政府承担学前儿童早期教育费用的比例较大。如在德国，学前教育的公共财政投入联邦政府占 50%，另外 50% 由州和地方政府承担。2009 年学前教育财政投入占 GDP 的 0.63%，其中公共投入占 70.2%，其他非政府投入占 29.8%。①

2. 政府对托育工作的法规政策支持

许多国家在法规政策上都为公共服务工作提供了保障。美国规定设立联邦管辖的大型婴幼儿服务项目，如“早期开端计划”（Early Head Start）、“早期学

① 王兴华 . 德国学前教育的发展现况和未来趋势 [J]. 比较教育研究 ,2015,37(03):107-111.

习挑战”（Early Learning Challenge），确保对婴幼儿保育服务的专项财政投入。[①] 一些国家在育婴假等政策方面为婴幼儿托育提供了良好环境，提倡及增加育儿假，改善职场与家庭的关系，如加拿大、意大利、挪威、英国、爱尔兰、荷兰、比利时、法国、澳大利亚、德国、韩国和墨西哥等。[②]

（二）对公共服务工作的质量监管

在政府对公共服务工作质量监管方面，一般是多部门跨领域合作，其中教育部门在其中扮演重要角色。美国的管理监督部门主要涉及健康与人力服务部、教育部、农业部等联邦政府部门，各州设有相应的州级部门。各州相继建立质量评级与改进体系（the Quality Rating and Improrement System，QRIS），运用质量评价工具，例如婴幼儿环境评价量表（修订版）（Infant/Toddler Environment Rating Scale, Revised Edition（ITERS-R）），婴幼儿课堂评估评分系统（CLASS-Infant/Toddler）保证公共服务质量。[③] 加拿大是由教育部为实施这些方案设立标准，包括基础设施、托育与安全、职员质量、职员与儿童的比例以及组织与管理。在英国，政府对家庭式托育的督导与管理，采取多元认证、国家执照、训练结业证书及强制登记注册等机制。瑞典家庭式托育由教育部负责制定托育计划，制定地方政府管辖人员及家庭式托育工作人员的指导手册、师资培训计划，筹措相关经费，聘任督导人员负责评估、甄选、监督托育从业者，提供咨询与支持，配置受托小孩，并促成或举办托育从业者或幼儿的活

---

① Early Learning Hubs[EB/OL]. [2015-04-10].http://oregonearlylearning.com/.

② National Survey of Early Care and Education[EB/OL].[2014-09-10]. http://www.norc.org/Research/Projects/Pages/national-survey-of-early-care-and-education.aspx.

③ Great Starts Delaware [EB/OL]. [2015-04-09].http://www.greatstartsdelaware.com

动，对达到合格质量的平价民营托育机构核发补助。①

（三）对托育从业人员的资格认定和培训指导

在公共服务人员从业资格认定方面，各国对托育从业工作人员一般具有严格的准入标准，在文化程度、年龄及身体健康状况、从业资格认定所需修课程及具备的知识经验，营业所需的执照及托育场所所需设备条件等方面都有明确的标准。美国制定 0~3 岁早期教养人员从业资格制定的原则是“保证婴幼儿的健康和安全”及“穷人靠政府、富人靠市场”。美国 0~3 岁早期教养人员从业资格标准和培训要求具有较高的互换性和灵活性，对教育资质要求普遍不高，“早期开端计划”的婴儿、学步儿发展助理证书培训注重文化多样性，重视实践能力及婴幼儿父母的参与等。②日本的全国家庭福利员协会对家庭福利员的资格审查要求为：① 25 岁至 60 岁的健康女性；②有保育员、助产士或护士的从业资格，并修习家庭福利学必要的知识以及保育经验；③拥有养育过 6 岁以下儿童的经验；④家庭成员健康；⑤家中空间至少为 9.9 平方米，一楼为托育场所，需有电话及卫生设备。

不仅如此，许多国家还非常重视对家长及早期教育从业人员进行培训和指导。以美国为例，出台《0~3 岁婴幼儿早期学习指南》指导婴幼儿家长和从业人员，并为政府部门提供决策建议（South Carolina’s Infant，2015）。婴幼儿早期学习标准通过明确 0~3 岁婴幼儿有能力学什么和做什么来提升早期教育领域对婴幼儿的关注程度，并帮助婴幼儿看护者或婴幼儿父母充分理解婴幼儿自身发展的具体进程，同时鼓励教育者为婴幼儿提供高质量的早期学习经验以改

① 刘中一 . 家庭式托育的国际经验及其启示 [J]. 人口与社会 ,2017,33(03):90-95.

② 董素芳 . 美国 0~3 岁早期教养人员从业资格的制定及对我国启示的研究 [D]. 上海：华东师范大学 ,2014.

善婴幼儿的学习成果（贺红英，2014）。此外，美国建有全国性“0~3 岁研究中心”，各州也构建了婴幼儿专家网络。美国婴幼儿专家（Infant/Toddler Specialist）协同工作体系是以联邦政府的法律政策和项目资金为依托，以州政府为实施主体，通过整合各种早期教育和保育资源而搭建的、专门为婴幼儿教师提供专业发展的综合性服务平台。① 美国十分重视职前和在职师资培养培训，开发了多种专门婴幼儿课程，如婴幼儿保育项目（Program for Infant/Toddler Care，（PITC），高瞻婴幼儿课程（Infant & Toddler’ s Curriculum），提高专业人员服务质量。②

概观这些国家 0~3 岁早期教育公共服务发展，一个较成熟的公共服务体系有以下几点共同之处：国家在财政投入与法规政策等方面大力扶持；教育、卫生等政府主管机构多部门联合管理监督；重视从业人员人才队伍的培养，设立准入资格与学习标准，联合进行培训指导等。综上可见，政府、家庭、社会支持性团体共同参与，各责任主体权责明确，协力配合，外加完善的制度环境，共同组成了婴幼儿公共服务这一社会公共服务体系。

三、国内外已有研究成果述评

通过对已有研究成果进行梳理发现，近年来关于婴幼儿公共服务的研究越来越多，而且渐渐由 3~6 岁学前儿童向 0~6 岁婴幼儿托育研究倾斜，这说明 0~3 岁婴幼儿公共服务引起了国内外学者的广泛关注。

① National Infant & Toddler Child Care Initiative. (2011).Infant/Toddler Specialist Networks factsheet, 2011[EB / OL] . http://www.zerotothree.org/public-policy/state-community-policy/nitcci/infant-toddler-specialist-network.pdf.201 5-07-13.

② Infant/Toddler Specialist https://www.pitc.org/pub/pitc_docs/home.csp

国外关于 0~3 岁婴幼儿公共服务体系的研究和尝试较早，研究多在实证领域，关注点也在托育模式创新上，已经形成了较为成熟完善的公共服务体系。从管理到服务评估环节，无论是政府层面、家庭层面还是社会层面，各界对 0~3 岁婴幼儿家庭式托育或机构式公共服务都给予大力支持，如国家在财政投入与法规政策等方面大力扶持；教育、卫生等政府主管机构多部门联合管理监督；重视从业人员人才队伍的培养，设立明确的准入资格与学习标准，联合进行培训指导等。

随着 2016 年全面两孩政策的实施，国内关于公共服务体系的研究也越来越多。但多数研究是对公共服务模式较为成熟的国家或地区的实践进行尝试性的述评，如美国、德国、日本、英国、加拿大、瑞典等，进而提出我国 0~3 岁托育模式发展的宏观建议或启示；或是对 0~3 岁早期教育试点地区的实践探索进行描述、研究，如上海、青岛、南京、苏州等，呼吁政府重视或给予政策、环境支持，但具体的 0~3 岁婴幼儿公共服务工作指南标准、经费来源、具体监管审批职责等尚不明确。

国内关于 0~3 岁婴幼儿公共服务体系的理论研究和实践探索仍非常薄弱，研究的系统性、深入性都有待推进。目前我国关于 0~3 岁婴幼儿公共服务体系还没有形成一个统一的概念，也没有一个全国范围内针对 0~3 岁婴幼儿公共服务体系的研究，且缺乏顶层设计。这些导致各部门间政策协调困难，服务管理标准不统一。另外国外关于 0~3 岁婴幼儿公共服务的成功模式经验也有待结合我国各地实际情况后进行验证。国内研究和实践探索的不足，给本课题研究创造了新的研究空间和研究价值。

综上所述，0~3 岁早期教育公共服务跨部门合作机制研究较之早期教育其他领域的研究起步较晚，现有的研究成果也相对较少。从已有研究成果来看，0~3 岁婴幼儿早期教育公共服务问题正逐步受到国内学者的重视，对于 0~3 岁早期教育公共服务的重要性、现状和存在的问题有较多关注，并借鉴国外经验从宏观上提出了一些解决对策。由于0~3岁早期教育公共服务涉及多个部门，跨领域合作无疑是解决0~3岁早期教育公共服务领域复杂问题的新方法和新途径。但我国学界关于0~3岁婴幼儿早期教育公共服务跨部门合作机制的研究相对较少，对国外早期教育领域跨部门合作的成功案例及经验、我国各级政府如何建立健全早期教育服务的跨部门合作机制的研究也不足，这为本课题提供了研究空间和创新的可能。

第三节　理论基础

0~3岁婴幼儿公共服务体系的构建离不开科学的理论支撑。与教育公共服务研究有关的理论主要来源于公共服务相关理论，具体包括福利国家理论、公共选择理论、新公共管理理论、治理理论、新公共服务理论等。

一、福利国家理论：教育公共服务是政府的责任

现代福利国家理论兴起于第二次世界大战前后，福利国家理论的主要内容就是国家干预国民收入的分配，保证每个公民都能获得一定水准的社会福利。该理论至今仍深刻地影响着西方国家社会政策的制定，尤其是认为对弱势人群的救助、关怀、支持的制度性安排是政府的基本职能之一。福利国家理论也说明，公共服务的实质是政府和人民之间的关系问题。一个关怀公民生活的国家，必然会致力于通过提供公共服务产品改善人民生活质量，增进全体人民的

福祉。“不论何人，不论何时，不论何地，不付费用地学习”成为福利国家教育的最高目标。福利国家教育观的出现，使政府对公民受教育权的保障责任进一步增强，教育公共服务几乎成为一项由政府包揽一切的任务。

二、公共选择理论：主张引入市场竞争机制

公共选择理论是由美国著名经济学家、诺贝尔经济学奖得主詹姆斯·麦吉尔·布坎南等人创立的新公共经济理论。公共选择理论认为：在公共政治领域，如同在经济领域一样，“人是关心个人利益的，是理性的，并且是效用最大化的追逐者”[①]。公共服务由政府垄断供给必然造成腐败、低效，使服务目的与服务效果出现异化的现象。鉴于此，公共选择理论主张打破政府的垄断地位，将政府的一些职能交给市场和社会，将其不应该做的和做不好的事交给市场来完成，通过政府与市场关系的重组来改革政府，将决策和执行分开，即政府更多的是“掌舵”（决策），而不是“划桨”（执行），简单来说，即是要在公共物品的提供中引入市场竞争机制，给公众以个人选择的机会。

三、新公共管理理论：提高教育公共服务的效率

20 世纪 70 年代末 80 年代初开始到现在，以市场为基础的、灵活的、提供回应性服务的企业化政府管理方式逐步取代了旧的、僵化的、官僚制的政府管理方式，这场几乎是世界范围内的政府改革运动与其理论一起在总体上被称为“新公共管理”。英国著名公共管理专家胡德教授将新公共管理归纳为以下

① 丹尼斯·缪勒．公共选择理论 [M]. 杨春学，译．北京：中国社会科学出版社，1999:126.

内容：公共部门实行专业化管理；绩效目标明确，并根据目标进行严格的绩效评价；在关注过程的基础上，更重视成果产出；强调公共部门之间的合作，主张公共部门之间的藩篱；主张引入竞争机制，降低公共管理成本，提高公共服务质量；主张借鉴和引入私营部门管理模式；重视对资源的有效利用和开发。总之，新公共管理以追求行政效率为主旨。

四、治理理论：创新教育公共服务的提供方式

治理理论是在西方公共管理领域出现政府失灵和市场失灵后，西方政治学家和社会学家为解决这一危机所探寻的一条新的公共管理之道。治理理论明确肯定了在涉及集体行为的各个社会公共机构之间存在的权力依赖，即为实现集体行动的达成必须依靠其他组织。各类组织间为达到目的必须交换资源，为共同目标进行谈判。治理理论认为面对公共服务，社会系统要素之间需要协调、对话、谈判以及追求广泛的共识和参与。在公共服务市场中，公民不仅是公共服务接受者，还是公共服务合伙人、参与者、监督者，甚至是设计者、提供者。

五、新公共服务理论：强调教育公共服务的民主性

新公共服务理论是在对传统公共行政理论，特别是对新公共管理理论进行批判与继承的基础上建立起来的。该理论针对新公共管理范式中难以解决的公共利益问题、人本问题、公平价值问题、民主问题提出了理论上的改进与创新。新公共服务理论主张用一种基于公民权、民主和为公共利益服务的新公共

服务模式来代替当前那些基于经济理论和自我利益基础上的主导行政模式。未来的公共服务将是以公民对话协商和公共利益为基础，三者是紧密结合在一起的。

第四节 研究价值

一、理论价值

本书聚焦 0~3 岁婴幼儿身心发展，整合管理、运行、监评，深化 0~3 岁婴幼儿早期教育公共服务跨部门合作机制研究。本书不仅关注宏观政策对建构 0~3 岁婴幼儿早期教育公共服务体系的价值，而且强调 0~3 岁婴幼儿早期教育公共服务体系建构的宗旨是致力于婴幼儿身心发展，并从管理、运行、监评层面深入考察 0~3 岁婴幼儿早期教育公共服务体系，尝试提出构建跨部门合作机制的方案和举措，为其他相关研究提供思路、框架和策略等方面的参考和借鉴。

二、实践价值

本书旨在促进 0~3 岁婴幼儿早期教育公共服务管理科学化，早期教育机构运行规范化，早期教育质量可持续提升。立足于解决当前早期教育供需矛盾，提高托育质量，为婴幼儿的健康成长和发展提供良好的环境和条件。这需要建构适宜的托育公共服务体系。政府如何发挥主导功能，社会如何补充政府角色，社区如何整合资源，建立科学、合理、高效的0~3岁婴幼儿早期教育公共服务跨部门合作机制是本书要解决的问题，即如何建构一个包含科学管理托育服务、规范托育机构运行、监评托育服务质量的0~3岁婴幼儿托育服务跨部门合作机制，并在各服务主体间搭建资源共享、互惠互利的关系和桥梁，形成联动机制，保障婴幼儿早期教育质量能够得到可持续性的提升。

三、社会价值

本书的研究成果将促进家庭稳定、社会和谐，提高未来人力资源质量和国家综合竞争实力。全面两孩政策实施后，家庭对托育公共服务的刚性需求增长，而现有的托育公共服务体制不健全，婴幼儿托育服务存在数量与质量的双重难题。开展本研究，并建构完善的0~3岁婴幼儿早期教育公共服务跨部门合作机制，不仅能够推动全面两孩政策的真正落地，平衡家庭工作与育儿之间的现实矛盾，维护家庭稳定和社会和谐，也能优化人口结构、增加劳动力供给、减缓人口老龄化压力、提高人口质量，进一步增强国家综合竞争实力。

第三章　研究思路与研究方法

第一节　研究思路

一、研究对象

本研究以 0~3 岁早期教育公共服务跨部门合作机制为研究对象，研究国内外 0~3 岁早期教育公共服务现状、经验和问题，分析和提出构建我国 0~3 岁早期教育公共服务跨部门合作机制的对策。

二、研究设计

（1）我国 0~3 岁早期教育公共服务的现状调查。

（2）我国 0~3 岁早期教育公共服务现存问题的成因分析。

（3）国内外 0~3 岁早期教育公共服务跨部门合作的经验探讨。

（4）构建我国 0~3 岁早期教育公共服务跨部门合作机制的对策和建议。

三、研究假设

（1）0~3 岁婴幼儿的健康发展需要完善的公共服务体系。当前我国早期托育事业的发展涉及政府、教育部门、卫生健康委、妇联、早教机构、社区等多个职能部门和主体，在早期托育服务实践中，各部门主体各自为政、权责不明、职责不清、相互推诿，碎片化服务现象明显。为促进 0~3 岁早期教育健康有序发展，政府需要统筹各部门和主体的力量，以形成合力，避免责任分散和监管缺位。

（2）0~3 岁早期教育需要各级政府的政策支持和相关部门的协助配合。政府作为整个教育事业的规划者、管理者，也是最大的受益者，应当作为牵头部门，在早期托育服务的规划、投入和监管等方面承担相应的职责，明确各部门的职能范围和权限，明确各有关部门的管理职责和分工，理顺各主体之间的关系，建立由政府主导，教育部门和卫生健康部门分工负责，发展改革、市场监管部门、妇联等有关部门协调配合的 0~3 岁婴幼儿早期托育公共服务跨部门合作工作体制，为 0~3 岁婴幼儿早期托育的健康发展提供制度保障。

（3）构建跨部门合作机制，是我国 0~3 岁早期教育公共服务的发展趋势。充分整合公共教育、卫生和社区资源，努力构建以幼儿园和妇幼保健机构为依托，面向社区、指导家长的 0~3 婴幼儿早期教育公共服务体系，是我国 0~3 岁早期教育公共服务发展的目标，而这一宏伟目标的实现，既不能靠互相隔离的各个部门和主体，也不能靠设立新的“超级部门”。而是要在保持部门边界的前提下构建跨部门合作机制，从而实现各部门之间相互信任、优势互补、资源共享。

四、核心概念

（1）公共服务：由政府或公共组织或经过公共组织授权的组织提供的具有共同消费性质的公共物品和服务。

（2）跨部门合作：指两个或者两个以上既相互独立又有合作必要性的机构，在关切各部门利益和保持部门边界的前提下形成共同目标和愿景，进行资源的优化配置与整合，以增加公共价值的活动。本研究中跨部门合作指政府主导，教育部门、国家卫生健康委、早期教育机构、高校和科研部门等协同参与，旨在为 0~3 岁婴幼儿及其家庭提供早期教育公共服务的活动。

第二节 研究方法

一、研究方法

（1）文献研究法。通过搜集、整理和研究大量的国内外相关文献，深入理解 0~3 岁早期教育公共服务跨部门合作，做到对早期教育公共服务跨部门合作机制的全面、深入把握。

（2）调查研究法。通过结构性访谈和非结构性访谈等调研方法，从政府、社区、早教机构和家庭等方面调查我国 0~3 岁婴幼儿早期教育公共服务跨部门合作的现状、存在的问题及成因，为跨部门合作机制的构建提供现实依据。

（3）比较研究法。比较我国上海、青岛等地和美国 0~3 岁早期教育公共服务跨部门合作的经验、措施、方案和运行方式，为我国 0~3 岁早期教育公共服务跨部门合作机制的构建提供启示与借鉴。

二、技术路线

首先，研究 0~3 岁早期教育公共服务跨部门合作的理论基础。通过文献梳理，分析国内外跨部门合作的内涵特征和理论基础，从公共产品理论、新公共管理理论、协同政府理论途径考察我国 0~3 岁婴幼儿早期教育服务跨部门合作机制构建的必要性与可行性。

其次，对我国 0~3 岁早期教育服务跨部门合作的现状进行考察。此处将利用调查研究法和文献研究法，深入分析和探讨各级各类商业性和公益性早期教育服务的“碎片化”、“部门分割”、管理“真空”等现实问题，探讨当前我国公益性早期教育服务跨部门合作面临的机遇和挑战。

再次，对国内外 0~3 岁早期教育服务跨部门合作模式的个案进行研究。本部分将运用案例研究的方法，对国内 0~3 岁婴幼儿早期教育先进和试点地区——山东省青岛市、上海市，以及美国婴幼儿早期教育公共服务跨部门合作实践进行深入研究，考察其跨部门合作的动因、特征和机制，分析其成功经验，并提出对我国构建 0~3 岁早期教育公共服务跨部门合作机制的启示。

最后，提出我国 0~3 岁早期教育公共服务跨部门合作机制的构建途径。本部分将从制度建设、组织建设、专业队伍建设和信息化建设等方面提出我国 0~3 岁早期教育公共服务跨部门合作机制的构建策略，提出包括建立项目服务、政府购买服务、综合服务平台在内的跨部门合作方式，完善跨部门合作的机制。

第四章　研究发现

0~3岁婴幼儿的早期教育公共服务是保障和改善民生的重要内容，事关婴幼儿健康成长，事关千家万户。研究发现，我国0~3岁婴幼儿的早期教育公共服务供给十分紧缺，供需严重失衡。我国3岁以下婴幼儿数量5 000万左右，但在各类托育机构中的入托率仅为4%，远低于发达国家50%的比例[①];并存在供给质量不高、管理混乱，部门之间相互割裂、职责分工不清等问题，甚至出现管理“真空”。0~3岁婴幼儿的早期教育公共服务是一项综合性、跨部门工作。它不仅仅是教育部门的工作，还涉及卫生健康部门、发展改革部门、人力资源和社会保障部门、住房和城乡建设部门等。本书通过对国内先进和试点地区的成功经验进行研究总结以及对美国的实践进行考察分析，认为构建0~3岁早期教育公共服务跨部门合作机制有利于改善和促进我国0~3岁早期教育公共服务事业的发展，实现“幼有所育”的伟大目标。

---

① 李沛霖，王晖，丁小平，等．对发达地区0~3岁儿童托育服务市场的调查与思考——以南京市为例[J]. 南方人口,2017,32(02):71-80.

第一节 国内 0~3 岁婴幼儿早期教育公共服务的现实困境

我国政府在《国家中长期教育改革和发展规划纲要（2010—2020 年）》中明确提出“重视 0~3 岁婴幼儿早期教育”；2012 年教育部下发《教育部办公厅关于开展 0~3 岁婴幼儿早期教育试点的通知》，对我国早期教育服务体系的构建做了明确指导和部署。近年来，我国政府也在努力探索构建适宜的 0~3 岁早期教育公共服务体系。但是，综观我国 0~3 岁早期教育公共服务供给体系发现，供给十分紧缺，供需严重失衡，在管理体制、资源配置、师资培养培训、质量监管等方面还存在诸多亟待解决的问题。

一、虽有多方主体介入，但权责不明、碎片化服务明显

我国 0~3 岁早期教育事业的发展涉及政府、教育部门、卫生健康委、发展改革委、市场监管部门、财政部门、妇联、早教机构、社区等多个职能部门和主体，在早期托育服务实践中，各部门和主体各自为政、权责不明、相互推诿、碎片化服务现象明显。首先，作为早期教育事业的整体规划者、管理者和实施者之一的政府还没有作为牵头部门，从保障早期托育服务发展的高度，出台全国性的与早期教育相关的法律法规、发展规划、行业标准、财政投入制度、师资建设制度等政策性文件。其次，在行政归属上，我国早期托育服务归卫生部门管理，但卫生部门只负责婴幼儿的防疫、卫生监管等，无暇顾及教

育；在教育归属上，0~3 岁早期托育属于基础教育范围，就现状来看，0~3 岁早期托育往往被看作幼儿园业务的延伸，在基础教育领域依然处于“边缘”地位，虽有顾及但鞭长莫及。最后，作为当前市场上托育服务供给主力军的民办早教机构，由于受商业利益的驱使，趋利现象明显，缺乏提供公益性早期教育服务的动力；作为最接近婴幼儿的社区，虽然有地理资源优势，但由于社区工作人员职能范围有限，很难发挥资源优势。随着社会对 0~3 岁婴幼儿早期托育服务的需求日益增强，早期托育体制性问题日益凸显，导致最需要高质量早期托育服务的广大家庭很难享受到应有的服务。

二、虽有多方服务供给，但缺乏合作、资源难以整合

目前我国早期托育服务机构主要有三大类：第一类是由政府财政投资的公立幼儿园开设的幼托班，一般接收 2 周岁以上的幼儿，其师资来源主要是幼儿园的兼职老师，由于各地教育局幼教经费有限，对这类托幼机构的经费投入更是微乎其微，其数量和招收的幼儿也很有限，根本无法满足广大家庭对早期托育服务的需求；第二类是妇联、妇幼保健院或各类婴幼儿用品销售单位，这类机构尽管经费相对宽裕，但开展的早期托育服务由于受人员数量、服务形式、活动场地、活动时间等方面的限制，难以惠及所有适龄儿童；第三类是民办的婴幼儿早期教育机构，这类机构完全由民间个人或团体投入资金开办，收费比较昂贵，虽然机制比较灵活，但也面临执照审批困难、运营成本高、师资队伍不稳定、生源不足、缺乏专业指导等一系列问题。目前早期托育服务虽然是多主体供给，但总量依然明显不足，缺乏政府统一引导，缺乏相同的价值追求及合作交流的平台，资源难以优化整合。

三、虽有政策重视，但无行业标准、质量监管出现“真空”

纵观我国政府出台的教育政策，曾多次提到要重视0~3岁早期教育。虽然地方政府颁布了一些法律法规，但长期以来还没有全国性的专门的相关法律法规，更没有早教机构开办资质及师资准入、考核、培训的国家标准等，导致有关部门难以对早期教育机构质量进行监管。在我国申办私立早教机构，需要去市场监管部门注册申请营业执照，还需要到卫生健康部门登记备案，这就使得早教机构在日常管理上既属于教育部门管辖，又归市场监管，还受卫生健康等多个部门监督。但是，由于缺乏相应的法律法规和资质标准，市场监管、卫生健康等部门无法对其教育质量、师资水平和课程设置等进行评价，它们通常会认为这是教育部门的事情，而教育部门则认为它们并没有在本部门注册，在行政归属上当然不属于本部门的管辖范围，这就会出现各部门间相互推诿，甚至在实际监管中出现“真空”。早期教育机构在教师资质和培训方面，基本上各自为政，由早教机构自己把握，不受任何部门监管。很多私立早教机构为节约成本，对师资和培训要求普遍偏低，其教师来源五花八门，有幼儿园教师，也有具有外语、艺术类特长的毕业生，还有医学毕业生等，他们往往仅经过机构的短期内部培训就匆匆上岗，而这样的师资队伍很难胜任早期教育的工作，也无法保障0~3岁早期教育的质量。①

总体而言，与家庭和社会对0~3岁婴幼儿早期教育公共服务的强烈需求相比，我国目前0~3岁婴幼儿早期教育公共服务供给十分紧缺，供需严重失衡。我国0~3岁婴幼儿早期教育公共服务实践模式，在理念、方式、规范、机制和

---

① 杨雪燕，等.0~3岁托育服务模式评估与发展建议[N].中国妇女报，2018-06-05.

政策上均存在较大差异，也存在不少缺陷。为满足不同层次、不同家庭的需求，我国应完善早期教育公共服务的政策支持，明确主管单位；制定早期教育公共服务行业相关标准；明确早期教育公共服务的地位。

第二节　国内 0~3 岁婴幼儿早期教育公共服务先进和试点地区的实践经验

一、上海市构建 0~3 岁婴幼儿早期教育公共服务体系

上海市推进 0~3 岁婴幼儿早期教育公共服务工作的总体思路可概括为“两个坚持”：一是坚持以家庭养育为主；二是坚持政府鼓励引导、社会多方参与。截至 2019 年 8 月底，全市有 391 家幼儿园举办托班，加上 35 个托儿所和 11 个区办早期教育中心，提供托额约 1.4 万个；社会力量举办的托育机构有 143 家，提供托额约 1.1 万个，另有 200 多所机构正在申办中。上海市主要从以下四个方面实施托育服务。

（一）以家庭为主强化科学育儿指导

构建了面向所有家庭的 3 岁以下幼儿早期教育指导服务体系，成立市区两级早教指导中心（全市近 900 个早教指导点覆盖所有街镇，3 岁以下常住人口婴幼儿家庭接受 6 次及以上有质量的免费科学育儿指导，占比已达 98.2%）。

（二）率先构建托育机构管理制度

2018年4月，在全国率先出台托育服务“1+2”文件，即《关于促进和加强本市3岁以下幼儿托育服务工作的指导意见》和《上海市3岁以下幼儿托育机构管理暂行办法》《上海市3岁以下幼儿托育机构设置标准》，建立托育机构管理长效机制。

（三）鼓励多方参与提供托育资源

鼓励支持有条件的公民创办幼儿园开设托班，鼓励集体办托儿所增加托班供给，将普惠性托育点建设纳入市政府实事项目（2019年已完成56个托育点设置），鼓励社会力量举办托育机构。

（四）加强托幼队伍建设

2018年，上海市出台《上海市3岁以下幼儿托育机构从业人员与幼儿园师资队伍建设三年行动计划（2018—2020年）》，通过扩大招生计划、强化政策资源配置等措施，加大了托育机构从业人员和幼儿园师资的培养力度；同时，依托职业院校和开放大学，强化对育婴员、保育员、幼儿保健员、营养师等需要持证上岗从业人员的职前、职后培训。各区也都成立了托育服务指导中心，在编制资源紧张的情况下落实了286名编制，构建了上海市托幼服务的工作体系。

如今，上海市“政府引导、家庭为主、多方参与”的托育服务工作体系已经基本形成，并从四个方面进一步抓好托育工作。一是进一步改进、加强家庭科学育儿指导，鼓励支持通过入户指导、亲子活动、家长课堂等方式，依托互联网等信息技术手段，为不同年龄段幼儿家庭提供差异化服务，提升指导的针对性、实效性。二是齐心协力拓展普惠性托育资源，力争用 3 年时间，使全市每一个街镇都至少开办 1 个普惠性托育点；鼓励有条件的公办幼儿园尽量开办托班，鼓励民办幼儿园托班提供普惠性托额；公办幼儿园如能腾出一定学位资源，将确保首先用于开办托班。三是精准发力规范托育服务市场，按照上海市托育服务“1+2”文件的要求，规范整治托育服务市场，着眼满足市民现实“刚需”，帮助指导现有的大多数托育机构做好规范整改，关停存在严重安全隐患、不具备提供托育服务基本条件的少数机构。四是形成合力落实托育服务机构优惠政策，创造条件激发社会力量开办托育服务机构的积极性，促进其可持续发展。同时，鼓励各区结合实际形成财政综合奖补方案和方式，给托育点和托育机构相应政策优惠，促进托育服务普惠发展。①

二、青岛市 0~3 岁婴幼儿早期教育公共服务试点实践

2012 年底，山东省青岛市被教育部确定为全国 0~3 岁婴幼儿早期教育试点城市。青岛市以 0~3 岁婴幼儿生长发育规律为依据，以提升家长（看护人）科学育儿水平、促进婴幼儿身心健康成长为目的，按照“政府主导、部门协作、医教结合、科学专业”的基本原则，把 2013 年 1 月—2015 年 12 月作为试点时间，努力构建以幼儿园和妇幼保健机构为依托，面向社区、指导家长的婴幼儿早期教育公共服务体系。目前，青岛市市南区、市北区、崂山区等的早期教育指导站点达到 300 余个，并形成计时制、半日制、全日制、双休日制、网络咨询等多种方式的早期教育指导网络，建立了区（市）、镇（街道）、村

① 上海市教育委员会．幼有善育　本市积极完善 0-6 岁托幼服务体系，http://edu.sh.gov.cn/web/xwzx/show_article.html?article_id=101 957.

（社区）三级早期教育指导体系，使早教服务能力得到大幅提升。青岛市的一些实践经验值得参考。

（一）制定政策，明确分工指导和开展试点

自青岛市成为全国0~3岁婴幼儿早期教育试点城市以来，颁布了4项法规指导早期教育工作的实践。其中，《青岛市学前教育条例》明确将早期教育纳入地方法治轨道。《青岛市0~3岁婴幼儿早期教育试点工作方案》将0~3岁婴幼儿早期教育管理服务工作划分为两个年龄段：0~1岁和1~3岁，其中，0~1岁婴幼儿由卫生部门牵头实施，婴儿期服务至少4次，分别在3月龄、6月龄、8月龄和12月龄进行；1~3岁婴幼儿由教育部门牵头实施，社区医院和妇幼保健机构负责对1~3岁婴幼儿进行保健体检、发育监测评价、疾病预防等指导，服务时间安排在婴幼儿1岁半、2岁、2岁半和3岁阶段。《青岛市0~3岁婴幼儿早期教育指导机构设置标准》对早期教育机构的设置条件、审批注册流程、收费招生管理做了明确规定。《青岛市0~3岁婴幼儿早期教育指导大纲》对早期教育教养理念、教养内容与要求、婴幼儿成长观察要点及教养指导与实施做了详细说明。

（二）设立专项资金，提供经费保障

青岛市财政在学前教育专项经费中设立专项支出，主要用于扶持本市幼儿园等机构或组织开展公益性早期教育指导、宣传和师资培训工作，引导、支持各区（市）0~3岁婴幼儿早期教育试点工作。各区（市）政府设立0~3岁婴幼儿早期教育试点专项资金，主要用于公办早期教育机构建设、宣传指导、人员经费补助。

（三）加强人员素质建设，构建专业素质高的从业人员队伍

早期教育机构负责人原则上具备大专及以上学历，并持“双证”上岗。教养人员以学前教育专业毕业生为主，定期接受育婴师、早期教育指导师、“三优”指导师培训，并持“双证”上岗。卫生保健人员以医师、护士和保健员为主，定期接受当地妇幼保健机构组织的专业培训。保育员应经过保育职业培训和卫生保健专业培训。炊事人员应经过专业培训并取得专业资格证书。早期教育机构的工作人员必须身体健康，持有健康证，并按照规定进行年度体检。

（四）制定评价制度，对实施效果进行有效反馈

青岛市对各相关部门和各级早期教育指导中心（站、点）工作实施动态管理和评估，结果纳入对各级政府、各部门的考核评估。

第三节 美国 0~3 岁婴幼儿托育服务的政策创新及其实践

一、创新背景

20 世纪 60 年代以来，美国联邦政府针对婴幼儿托育服务实施了若干重大服务项目，并取得了诸多成就。但由于这些项目隶属于不同部门，其服务对象、服务内容、资金来源也各不相同，相互之间未能形成有机整体。这种分散

化、割裂化的托育服务管理模式，打破了儿童服务的整体性，极大地影响了服务项目功能的发挥。突出的问题表现在以下两个方面。

（一）项目归属部门不同，相互之间缺乏协调

美国联邦政府 0~3 岁托育服务的重大项目主要来源于美国卫生与公共服务部、教育部和农业部三大部门。其中，美国卫生与公共服务部的“早期开端计划”（Early Head Start，EHS）是专门为处境不利的 0~3 岁婴幼儿及其家庭提供服务的项目，实质是 20 世纪 60 年代“开端计划”向 0~3 岁婴幼儿服务的延伸；“贫困家庭临时援助”（Temporary Assistance for Needy Families，TANF）旨在帮助单亲家庭、父母双方有一人无劳动能力或是长期失业的家庭实现自给自足；“母婴及幼儿家访计划”（Maternal，Infant，and Early Childhood Home Visiting Program，MIECHV）的目标是通过家访服务推动处境不利儿童的健康与发展。教育部项目更多地关注婴幼儿的早期学习，如著名的“力争上游—早期学习挑战计划”（Race to the Top-Early Learning Challenge，RTT-ELC）。农业部的项目则重点关注婴幼儿的营养和成长，如始于 20 世纪六七十年代的“妇婴幼特殊营养补充项目”（Special Supplemental Nutrition Program for Women，Infants，and Children，WIC）主要为低收入家庭的妇女和 0~5 岁幼儿提供膳食补助、营养教育和卫生保健等服务。[①] 由于各部门项目之间缺乏协调机制，致使众多的确有需求的 0~3 岁婴幼儿家庭难以得到所需的服务。就连覆盖很多人口，每年能为 400 多万儿童提供服务的联邦政府 WIC 项目，也未能很好地和其他儿童早期保育和教育项目进行整合，很多获得 WIC 服务的家庭并不知道

---

① Gene Falk, Temporary Assistance for Needy Families (TANF): Size of the Population Eligible for and Receiving Cash Assistance, January 3, 2017 . [EB/OL].[2017-2-16]

⑧ttps://fas.org/sgp/crs/misc/R44 724.pdf.

他们还可以额外得到 MIECHV 服务。①

（二）项目资金来源不同，相互之间缺乏融合

在早期儿童保育和教育领域，跨部门合作成为政府制定与实施公共政策协同创新的热点。跨部门合作对于政府管理、项目运行、儿童发展和教师成长均具有积极作用和显著影响，并成为解决复杂问题的新方法和新途径。长期以来，美国很多服务儿童和家庭的项目是“拼接”在一起的，这些项目资金来源不同，相互之间缺乏融合，往往资金匮乏，且在资助标准与规范、管理体制方面相互独立，随着托育服务综合化趋势显著，分散化服务难以发挥有效作用。例如，EHS 被誉为高质量婴幼儿服务项目的“黄金标准”，也只能为不到 4% 的符合资助条件的儿童提供服务。②MIECHV 是联邦政府关注高质量 0~3 岁婴幼儿“早期学习倡议”（Early Learning Initiative）的一部分，到 2015 年已投入资金 15 亿美元，为 50 个州、华盛顿哥伦比亚特区和海外领地的婴幼儿家庭进行了 140 万次服务。③ 但同样由于资金来源单一，没有充足的资金支持，全国只有 1/3 急需得到该项目的县得到了联邦政府的财政资助。④

---

① 秦炜森，蔡迎旗 . 美国儿童营养计划 WIC 项目的由来、内容及特色 [J]. 学前教育研究 ,2013,(6):16-20.

② Based on Authors' Calculations from Food and Nutrition Service, "WIC Program," [EB/OL]. [2015-5-18] http://www.fns.usda.gov/pd/wic-program.

③ Maryam Adamu and others, Aligning and Investing in Infant and Toddler Services" (Washington: Center for American Progress, 2014) [EB/OL].[2015-4-20] https://cdn.americanprogress.org/wp-content/uploads/2014/10/Infant-Toddler-report.pdf.

④ Maternal, Infant, and Early Childhood Home Visiting Program[EB/OL].[2014-10-20].

⑧ttp://mchb.hrsa.gov/programs/homevisiting/homevisiting.pdf/.

美国联邦政府婴幼儿公共服务财政资助一览表 ①

部门	资金来源	受助州或地区数	资金总额 / 美元
美国卫生与公共服务部	母婴及幼儿家访计划（MIECHV）	所有州、领地和部落社区	2015 年发放 3.86 亿
	妇幼健康服务固定拨款项目（Title V Maternal and Child Health Services Block Grant Program）	各州和 9 个司法管辖区	连同州配套资金每年 60 亿
	儿童早期综合体系（Early Childhood Comprehensive Systems，ECCS）	47 个州，华盛顿哥伦比亚特区和海外领地	2014 年发放 71 万
	健康开端（Healthy Start）	33 个州	2014 财政年度发放 37.7 万
	儿童迫切需要的健康行动（Linking Actions for Unmet Needs in Children' s Health，LAUNCH）	2008 年以来共 35 个州、20 个市（县）和部落社区	2015 年开支 340 万
	贫困家庭临时援助（TANF）	所有的州	2013 年度联邦和州共同支出 317 万
	社区儿童虐待保护（Community-Based Child Abuse Prevention，CBCAP）	所有的州	2015 年发放 4 100 万
	开端计划和早期开端计划	所有的州	2014 年拨款 86 亿
	早期开端—儿童保育合作伙伴（EHS-CC）	各州的特定社区	2015 年 3 月发放 5 亿

① Infant, and Early Childhood Home Visiting Program Partnering with Parents to Help Children Succeed (U.S.Department of Health and Human Services, 2015), [EB/OL].[2016-10-21]

⑧ttp://mchb.hrsa.gov/programs/homevisiting/programbrief.pdf.

续表

部门	资金来源	受助州或地区数	资金总额 / 美元
美国教育部	儿童保育和发展固定拨款（CCDBG）	所有的州	2014 年为婴幼儿投入 1.09 亿
美国教育部	残疾人教育法 Part C（Individuals with Disabilities Education Act， IDEA）	各州，华盛顿哥伦比亚特区和波多黎各	2014 年投入 4.38 亿
	残疾人教育法 Part B（IDEA）	各州，华盛顿哥伦比亚特区和波多黎各	2014 年投入 3.53 亿
	力争上游—早期学习挑战计划（RTT-ELC）	从 3 轮竞争中选定 20 个州	2011—2013 年 3 轮投入超过 10 亿
美国农业部	营养补充援助项目（SNAP）	所有的州	2014 年开支 740 亿
	妇婴幼特定营养补充项目（WIC）	所有的州	2014 年开支 60 亿
	儿童和成人照料食品项目（Child and Adult Care Food Program，CACFP）	所有的州	2014 年开支 30 亿

（数据来源：美国卫生与公共服务部）

美国 0~3 岁研究中心认为，一个良好的服务体系，其间的项目应该都有稳定而充足的资金来源，相互之间是无缝对接、完整统一的。① 当下美国不同项目没有纳入一个综合性服务体系之中，一旦出现特殊情况往往难以应对，导致政策相互冲突、项目的质量和问责不一致、投入不均衡等连带问题出现，久而久之这些项目的实施变得复杂而低效。正是此背景下，美国联邦政府激励引导

① Rachel Herzfeldt-Kamprath and Katie Hamm, Emerging State and Community, Strategies to Improve Infant andToddler Services, June 2015. [EB/OL].

⑧ttps://cdn.americanprogress.org/wp-content/uploads/2015/06/InfantToddlerAlignment-report2.pdf

各州积极探索婴幼儿托育服务的机制创新，整合原有相互割裂、彼此分散的服务项目，构建新型婴幼儿托育服务体系。在联邦政府激励下，美国一些州积极完善管理机制、拓展资助渠道、改进质量评价、构建跨领域师资体系，美国0~3岁婴幼儿托育服务逐步实现了从“分散到整合”的创新。①

二、创新实践

面对上述问题，在美国联邦政府重视和加强0~3岁婴幼儿托育服务的大背景下，一些州积极采用多种方式从不同的途径构建本州综合性的婴幼儿托育服务体系，将原本面向特定群体的婴幼儿政策与更大目标的儿童发展体系紧密整合在一起，形成了协同创新的0~3岁婴幼儿托育服务体系。②

（一）制定跨部门服务政策，重视0~3岁婴幼儿发展

创建综合性的、具有协同工作机制的儿童托育服务体系，需要制定和实施跨机构、跨项目的政策策略。基于此，一些州在制定本州儿童早期服务政策时，重视0~3岁婴幼儿的健康成长和发展需要，充分利用联邦政府各项激励政策和资助项目，整合制定适合于本州的0~3岁婴幼儿综合托育服务政策和规划，为0~3岁婴幼儿托育服务事业发展提供指导。

1. 案例一：华盛顿州优先制定“0~3岁婴幼儿早期发展计划”

2010年，华盛顿州在酝酿“0~10岁儿童早期学习计划”时，优先考虑并

① 张晓梅，宋占美．美国0~3岁早期教育公共服务的创新及启示[J]. 教育评论，2018(12):54-57.

② Early Experiences Matter：A Guide to improved policies for Infants and Toddlers. 2009 [EB/OL]. [2016-2-10] http://main.zerotothree.org/site/DocServer/Policy_Guide.pdf?docID=8401.

制定了0~3岁婴幼儿的综合性发展计划。“0~3岁婴幼儿早期发展计划”围绕七大核心领域提出了实施建议，分别是儿童健康与发展，家庭访问，父母参与，家庭、朋友和邻里照料，高质量专业人员和环境，儿童保育资助，基础设施、合作伙伴与宣传动员。① 这些政策建议均为创建全州0~3岁婴幼儿基础设施、进行资金分配、提升公共利益奠定了基础。该计划中的很多建议，最终构成了2010年华盛顿州“0~10岁儿童早期学习计划”的重要部分，为本州所有儿童获得从0岁到三年级的10年学习提供了政策支持。

2. 案例二：科罗拉多州《儿童早期框架》关注0~3岁婴幼儿需求

22008年《科罗拉多儿童早期框架》（*Early Childhood Colorado Framework*）（以下简称《框架》）的诞生，为科罗拉多州儿童早期项目的有效规划和管理奠定了政策基础。《框架》由副州长办公室领导下的不同利益相关群体共同开发，利益相关者包括所有和儿童早期发展相关的州级机构、当地的非营利性组织、基金会、大学和其他私人组织，确保州政府在一个完整的、连续的服务体系内考虑儿童和家庭的需求。目前，《框架》已经成为科罗拉多州所有儿童体系运行的焦点，0~3岁婴幼儿的需求在该《框架》中得到充分体现。这一前瞻性整合创新工作使得州政府能够充分利用新的机会，为RTT-ELC、MIECHV、LAUNCH以及其他联邦资助项目在本地的实施奠定了基础。2015年，科罗拉多儿童领导委员会对《框架》进行了更新和修订，更新和修订后的《框架》更关注0~3岁婴幼儿的健康发展，以使其能够和儿童发展的最新研究成果相一致，并体现出《框架》在过去7年中取得的进步。

---

① Julie Spielberger, Wladimir Zanoni, and Elizabeth Barisik. Collaboration and Subsidized Early Care and Education Programs in Illinois,2013 [EB / OL].（2013-5-26）[2014-04-10]. http://files.eric.ed.gov/fulltext/EJ1020834.pdf.

（二）整合资金来源渠道，创建稳定的财政支持机制

保障持续稳定的资金来源是保障 0~3 岁婴幼儿托育服务能够顺利实施的关键因素。一些州根据服务项目的资金需求和当地的实际情况，创新制定了财政激励政策，整合扩大资金渠道，使 0~3 岁婴幼儿托育服务项目得以有效实施。

1. 案例一：堪萨斯州整合创新财政政策成绩斐然

从 1998 年开始，堪萨斯州就积极采取措施，整合分散的资金来源，采用创新性财政支持途径，实施联邦政府的 EHS 项目。原州长比尔·格雷夫斯首次批准将联邦政府 TANF 和 CCDF（Child Care and Development Fund）两大托育服务项目整合，创建了“堪萨斯州早期开端”项目。其后的政策制定者继续采用积极创新政策，从州的财政税收中拿出一定的资金资助孕期妇女和 0~4 岁的儿童。① 这一创新还为“堪萨斯儿童早期固定拨款”（Kansas Early Childhood Block Grant，ECBG）的诞生提供了成功范例。ECBG 有两项任务：其一，为处于危险中的婴幼儿及其家庭提供高质量的儿童发展服务；其二，增加 3 岁和 4 岁幼儿接受学前教育的机会。2013 年该项目和另一个婴幼儿服务项目“堪萨斯聪明开端”（Smart Start Kansas）相结合，从儿童发展基金获得 1 810 万美元的专项资金，ECBG 拿出其中的 30% 用于资助婴幼儿服务的提供者。2015 财政年度，该州通过 ECBG 为服务于处境不利婴幼儿的保育机构发放了 1 718 万美元的奖励资金，并按照政策要求另外追加了 10% 的配套资金，共有 4 500 多名 0~3 岁婴幼儿因此获得各项服务。②

---

① Washington State Early Learning Plan, September 2010[EB/OL].[2015-12-16]. https://del-public-files.s3.amazonaws.com/PublicationDocs/ordering-DEL/ELP.pdf.

② Keeping the Promise: Children’s Initiatives Fund/Kansas Endowment for Youth[EB/OL]. [2016-1-20]. http://kac.org/wp-content/themes/KAC/images/PDFs/3-CIFKEY.pdf.

2. 案例二：罗得岛州多渠道融合财政资金支持家访计划

2005 年，罗得岛州卫生部出台“成功开端”（Successful Start）儿童早期服务体系计划，为州领导抓住机会扩大对本州 0~3 岁婴幼儿健康发展的支持奠定了基础。该计划制定了一系列政策援助易受伤害的儿童，其任务包括：推动儿童服务体系构建计划的实施；对服务体系内的医疗、社会与情感健康、早期保育和教育、家长教育、家庭支持这五个要素进行协调整合；与项目的指导委员会共同工作以确保州政策的一贯性、资金来源的最大化和多样性，确认服务空白等[①]。此外，罗得岛州还专门成立儿童数据统计机构（Kids Count），旨在将所有与家访相关的政府部门、项目聚集到一起，充分整合利用多种财政资助渠道，将家访项目的目标和结果告知公众，以有效阻止虐待儿童事件发生、提高母亲的经济自足能力、保障儿童心理健康等。这些目标的重叠和交叉为政府部门聚集整合资金来源创造了机会。

2008 年，罗得岛州受到联邦政府卫生与公共服务部的家访项目奖励，成立了一个跨机构合作的“护士—家庭合作伙伴”（Nurse-Family Partnership）网站。2010 年联邦政府的 MIECHV 项目一经成立，罗得岛州卫生部就抓住机会在全州首创了协同创新的跨机构工作机制，成功实施了专门为 3 岁以下儿童和孕期母亲提供服务的家访计划，构建了强有力的跨机构咨询、服务协作和质量持续提升的家访体系。此外，该州还通过早期干预、社区儿童虐待预防、TANF 和医疗补助项目调动了混合性资金的利用。这种整合不同来源的资金形成的混合型资助，不仅增加了对家庭的服务，而且增强了项目之间的合作，推动了服务协作、项目标准和专业技术等方面的进。

① Zero to Three. A Place to Get Started: Innovation in Infant and Toddler State Policies[EB/OL].（2016-6-6）[2016-08-20].http://www.zerotothree.org/public-policy/policy-toolkit/a_place_to_get_startedsinglesmar5.pdf

（三）完善服务形式，创建综合服务机制

美国很多婴幼儿家庭在寻求服务帮助时，最大的难题之一就是服务项目过于分散，面对众多的服务项目及各不相同的程序和限制不知何去何从。为此，一些州通过合作筛查和转诊等形式，整合一些服务信息，在医生办公室、幼儿保育中心、婴幼儿家庭常去的其他服务场所等不同地点，采取“一站式”等综合服务措施，提供综合性保育协调与咨询服务。

1. 案例一：康涅狄格州实施“助我成长”一站式导航服务

康涅狄格州综合了一些针对儿童提供公共服务的项目信息，采取了一些“一站式”综合服务措施。“助我成长”（Help Me Grow，HMG）就是康涅狄格州专门为 0~8 岁儿童及其家庭提供“一站式”导航服务的信息咨询网站。该网站设置了热线电话，如果幼儿家长有任何育儿方面的问题，都可以拨打热线电话获得帮助。如果家长在儿童发展方面遇到了困难，社区的儿童发展联络员将会对该问题开展研究或提供相应的服务，最终满足儿童和家庭的需求。HMG 不仅仅提供直接服务，还构建了包括儿童保健、早期保育和教育、家庭支持的跨领域合作体系。幼儿家庭通过医生和社区的综合性服务及集中的信息和转诊中心，在家庭和所需的项目与服务之间建立了联系。①2014 年康涅狄格州 HMG 项目为 2 000 多个家庭提供了 3 000 多次服务，经 HMG 培训认证以及为儿童提供服务的医生增加了 2 倍。随着该项目的发展，HMG 在该州的很多社区发起了大规模的 0~3 岁幼儿发育筛查活动，以此唤起公众对早期诊断和早期干预的重视。

HMG 重视 0~3 岁婴幼儿早期发育的行动和理念在全美产生了影响，以康

① Family Visiting[EB/OL].[2016-3-10].http://www.health.ri.gov/familyvisiting/.

涅狄格州儿童医疗中心为基础成立的全国 HMG 中心将该模式推广到全国的 19 个会员州，全国 HMG 中心发展为国家模式，成为一个集数据收集、追踪与应用于一体的综合性数据体系。①

2. 案例二：伊利诺伊州将 0~3 岁婴幼儿发育筛查作为开展合作服务的典范

伊利诺伊州在确保本州所有的 0~3 岁婴幼儿都能够得到身体发育和社会情感筛查、获得随访支持和服务方面做出了较多的努力，并充分利用联邦政府“确保儿童拥有更好的健康和发展”（the Assuring Better Child Health and Development，ABCHD）资助项目，提高本州的婴幼儿心理和身体健康筛查服务。ABCHD 旨在为各州低收入儿童的早期发展服务提供财政支持，促进 0~3 岁婴幼儿的健康发育。该计划通过项目发展和创新实验帮助 27 个州创建了服务资助模式。② 此项计划于 2000 年在全美正式开始实施，2012 年结束，前后共经历了三个阶段，第一阶段为 2000—2007 年，第二阶段为 2007—2009 年，第三阶段为 2009—2012 年。伊利诺伊州在第二阶段加入该项目之中。这一阶段重点关注低收入家庭儿童的心理健康发展。通过这一项目，伊利诺伊州对本州的医疗补助政策进行了一系列调整和整合，包括建立筛查资源指南、与早期干预机构和教育机构合作达成了样本协议、在全州的心理健康和身体健康中心建立身体发育和社会情感筛查等，确保婴幼儿能够获得发育筛查和转诊服务。所有这些公共政策的制定和实施都立足于 0~3 岁婴幼儿综合服务，确保所有婴幼儿及其家庭的需求都能尽快得到诊断并解决。③

---

① Connecticut Help Me Grow [EB/OL]. [2016-1-18]. http://www.ct.gov/oec/cwp/view.asp?a=4544&q=535 732.

② Help Me Grow National Center[EB/OL].[2016-1-18].http://www.helpmegrownational.org/.

③ About ABCD[EB/OL].[2016-3-2].http://www.nashp.org/abcd-history/.

（四）改进评价体系，提升托育服务质量

以州政府为主体施行质量评级与改进体系（QRIS），是美国促进早期教育质量提升的一项重要新举措，其目的在于通过评级以及一系列专业支持和财政刺激措施，促进幼教机构提升教育质量，提高家长的辨别和选择能力。为了提高 0~3 岁婴幼儿托育服务的质量，一些州积极采取措施，改善项目评价体系，将婴幼儿发展纳入 QRIS 体系。

案例印第安纳州“质量之路”（Paths to Quality）关注 0~3 岁婴幼儿的发展需求，确保 QRIS 的标准和措施能够反映高质量婴幼儿服务。2008 年“质量之路”在全州范围内实施。该体系提供的免费资源可以帮助婴幼儿家庭了解和判断早期保育和教育项目的质量，同时促使项目质量的改进与提高。[①]“质量之路”共有四个等级，一级仅能为婴为幼儿提供最基本的健康和安全需求，二级增加了学习环境的支持，三级在二级基础上增加支持儿童学习、发展和入学准备的课程，四级质量最高，在全州范围内获得认可。为确立婴幼儿发展的重要性，“质量之路”体系的每一个等级都对 0~3 岁婴幼儿的发展和保育提出了要求，所有等级都制定了针对婴幼儿的特别标准。婴幼儿标准涵盖保育、照看者与幼儿的互动、一日生活、语言和读写发展的各个领域。当前，该州超过一半获得执照的儿童保育项目都通过参与“质量之路”为婴幼儿提供优质服务。[②]

（五）整合既有资源，构建跨领域专业人员发展体系

在美国 1 200 万 0~3 岁婴幼儿中，有 500 万婴幼儿处于家庭之外的保育环

---

① Julie Doetsch, Comments: Six Years of ABCD, February 20,2013[EB/OL].[2015-12-16].http://nashp.org/sites/default/files/abcd/ABCDresources.org/IL%20Comments%20Six%20Years%20of%20ABCD.pdf.

② Paths to QUALITY[EB/OL].[2016-2-25].http://childcareindiana.org/.

境中，将近一半的 3 岁以下幼儿每周有 25 个小时是由父母之外的他人照料。① 无论是在保育中心、家访项目还是其他场所从事婴幼儿服务的专业人员，均需要获得一定的支持儿童学习和发展的技能。由于婴幼儿服务涉及健康、早期保育、早期教育、早期干预等多个领域，因此，通过整合构建跨领域协作的专业发展体系、均衡州资源，成为一些州提升婴幼儿从业人员能力的创新点。

1. 案例一：新墨西哥州整合资源打造强大的婴幼儿从业人员队伍

新墨西哥州在培养婴幼儿师资队伍方面推出了两项新的举措。首先，将 0~3 岁早期教育研究课程纳入“家庭婴幼儿研究”。在新墨西哥州儿童发展办公室的批准下，新墨西哥创建了 0~8 岁儿童及其家庭从业人员专业发展体系，创建了一整套“婴幼儿追踪研究”计划。参与该项计划的专业人员主要为家访工作者和早期干预工作者。由于“家庭婴幼儿研究”课程与其他 0~3 岁早期教育研究课程相对接，如果 0~3 岁婴幼儿从业人员通过了更多的培训，会得到更多的职业发展机会。② 其次，该州创建的“新墨西哥儿童网站”开辟了为 0~3 婴幼儿保育机构、家庭、从业人员、培训和技术援助机构提供系列服务和信息咨询的平台。③ 希望获得“家庭婴幼儿研究”证书的早期教育专业人员、管理者和婴幼儿从业人员，可以对照协会界定的核心知识和能力，发展其专业技能。其中，副学位学生主要学习婴幼儿照料、成长和发展方面的课程，学士学位的课程包括早期干预、家访、研究、评估等。④ 为打造强有力的婴幼儿从业

① Mayoral ,Maria Victoria. Supporting Babies Through QRIS: Implementation Status and Tools in U.S. States & Jurisdictions ,Aug. 2016[EB/OL].[2017-02-15]. https://www.zerotothree.org/resources/189-supporting-babies-through-qris-implementation-status-and-tools-in-us-states-jurisdictions#downloads.

② Quality Infant/Toddler Care [EB/OL]. [2015-09-12]. http://forourbabies.org/learn-more/quality-care/.

③ Supporting Working Families with High-quality Early Care and Education, January23,2014 [EB/OL]. [2016-05-04]. http://www.acf.hhs.gov/sites/default/files/occ/supporting_working_families_report.pdf.

④ New Mexico Kids[EB/OL]. [2016-03-02].https://www.newmexicokids.org//.

人员队伍，所有的学位课程之中都融合了婴幼儿心理健康课程。新墨西哥这些公共政策的制定与实施，为婴幼儿从业人员专业能力的提高创造了新的机会和途径。

2. 案例二：加利福尼亚州借助婴幼儿专家网络提升师资水平

近年来，随着政府和社会各界不断强化 0~3 岁婴幼儿早期保育与教育的重要性，“婴幼儿专家”（Infant/Toddler Specialist）这一新的职业群体逐渐兴起。① 美国联邦政府儿童保育局将婴幼儿专家界定为“为 0~3 岁婴幼儿保育与教育的专业人员和看护人员提供支持工作的个体”。② 婴幼儿专家受雇于州政府或州政府下设的 EHS、早期干预项目、家访项目、高校、专业发展系统和技术援助网络等机构和组织，这些机构和组织共同构成了各州的婴幼儿专家网络（Infant/Toddler Specialist Network，ITSN）。③ 2012 年，加利福尼亚州拉斯维加斯充分利用婴幼儿专家网络推出了“孕期至 3 岁从业人员发展项目”，形成了包括早期保育和教育、早期诊断和干预、婴幼儿心理健康、身体健康、社会服务 / 儿童福利五大领域的工作团队，该团队对上述各领域从业人员的专业能力进行了界定，制定了覆盖孕期到三岁的多学科工作人员跨领域核心能力标准。④ 此外，加利福尼亚儿童发展培训协会还开发了婴幼儿早期保育和教育教师培训计划，

---

① 张晓梅，赵茜．美国婴幼儿专家协同工作体系的发展与实践 [J]. 早期教育（教师版），2016（7）：36-38.

② Research-Informed Policy Options for Infant and Toddler Early Care and Education: Research-to-Policy Resources, May 2016 [EB/OL].[2016-05-13].http://www.researchconnections.org/childcare/resources/31 820/pdf.

③ MCMULLEN M B, DIXON S. Building on Common Ground: Unifying Practice with Infant/Toddler Specialists through a Mindful, Relationship-Based Approach [J]. Young Children, 2006, 61(4): 46-52.

④ National Infant & Toddler Child Care Initiative. (2011).Infant/Toddler Specialist Networks factsheet, 2011[EB / OL] .[2015-07-13].http://www.zerotothree.org/public-policy/state-community-policy/nitcci/infant-toddler-specialist-network.pdf.

推出了 122 项婴幼儿师资培训课程。[①] 目前有 12 所社区学院开设协会认可的婴幼儿课程，有 7 000 多人通过了婴幼儿保育与教育培训项目的培训，成为备受社会和家长欢迎的婴幼儿教师，表明加利福尼亚州在跨领域协作提高社区婴幼儿从业人员的能力方面迈出了一大步。[②]

第四节　我国发展 0~3 岁婴幼儿早期教育公共服务的新举措

研究发现，面对 0~3 岁婴幼儿早期教育公共服务发展困境，我国在试点的基础上，借鉴国外成功经验，正努力探索构建适合我国国情的中国特色社会主义的多部门合作机制，以实现“幼有所托”。以习近平同志为核心的党中央高度重视婴幼儿照护服务发展，党的十九大报告提出，在“幼有所育”上不断取得新进展。2019 年的政府工作报告指出，要针对两孩政策全面实施后的新情况，加快发展多种形式的婴幼儿照护服务，支持社会力量兴办托育服务机构。

2019 年 5 月，国务院办公厅印发《关于促进 3 岁以下婴幼儿照护服务发展的指导意见》（以下简称《意见》）。《意见》明确指出，要以需求和问题为导向，推进供给侧结构性改革，建立完善促进婴幼儿照护服务发展的政策法规体系、标准规范体系和服务供给体系，充分调动社会力量的积极性，开展多种形

① Foundation for Success: Shared Knowledge, Skills and Attitudes for the Cross-Sector Prenatal Through Age Three Workforce. ZERO TO THREE ,2013. [EB/OL].[2015-12-15].http://120.52.72.44/www.zerotothree.org/c3pr90ntcsf0/wo/assets/docs/ztt_matrixbrochure_fnlpr6-singlepages.pdf

② California Early Care and Education Child Development Professional Resource Guide, 2015-2016 [EB/OL].[2016-07-21]. https://www.childdevelopment.org/cs/cdtc/print/htdocs/home.htm.

式的婴幼儿照护服务，逐步满足人民群众对婴幼儿照护服务的需求。发展婴幼儿照护服务的重点是为家庭提供科学养育指导，并对确有照护困难的家庭或婴幼儿提供必要的服务。强化政策引导和统筹引领，充分调动社会力量的积极性，大力推动婴幼儿照护服务发展，优先支持普惠性婴幼儿照护服务机构。按照儿童优先的原则，最大限度地保护婴幼儿，确保婴幼儿的安全和健康。到2020年，婴幼儿照护服务的政策法规体系和标准规范体系初步建立，建成一批具有示范效应的婴幼儿照护服务机构；到2025年，婴幼儿照护服务的政策法规体系和标准规范体系基本健全，多元化、多样化、覆盖城乡的婴幼儿照护服务体系基本形成，婴幼儿照护服务水平明显提升，人民群众的婴幼儿照护服务需求得到进一步满足。

国务院办公厅关于促进3岁以下婴幼儿照护服务发展的指导意见

国办发〔2019〕15号

一、总体要求

（一）指导思想。以习近平新时代中国特色社会主义思想为指导，全面贯彻党的十九大和十九届二中、三中全会精神，按照统筹推进“五位一体”总体布局和协调推进“四个全面”战略布局要求，坚持以人民为中心的发展思想，以需求和问题为导向，推进供给侧结构性改革，建立完善促进婴幼儿照护服务发展的政策法规体系、标准规范体系和服务供给体系，充分调动社会力量的积极性，多种形式开展婴幼儿照护服务，逐步满足人民群众对婴幼儿照护服务的需求，促进婴幼儿健康成长、广大家庭和谐幸福、经济社会持续发展。

（二）基本原则。

家庭为主，托育补充。人的社会化进程始于家庭，儿童监护抚养是父母的法定责任和义务，家庭对婴幼儿照护负主体责任。发展婴幼儿照护服务的重点是为家庭提供科学养育指导，并对确有照护困难的家庭或婴幼儿提供必要的服务。

政策引导，普惠优先。将婴幼儿照护服务纳入经济社会发展规划，加快完善相关政策，强化政策引导和统筹引领，充分调动社会力量积极性，大力推动婴幼儿照护服务发展，优先支持普惠性婴幼儿照护服务机构。

安全健康，科学规范。按照儿童优先的原则，最大限度地保护婴幼儿，确保婴幼儿的安全和健康。遵循婴幼儿成长特点和规律，促进婴幼儿在身体发育、动作、语言、认知、情感与社会性等方面的全面发展。

属地管理，分类指导。在地方政府领导下，从实际出发，综合考虑城乡、区域发展特点，根据经济社会发展水平、工作基础和群众需求，有针对性地开展婴幼儿照护服务。

（三）发展目标。到 2020 年，婴幼儿照护服务的政策法规体系和标准规范体系初步建立，建成一批具有示范效应的婴幼儿照护服务机构，婴幼儿照护服务水平有所提升，人民群众的婴幼儿照护服务需求得到初步满足。

到 2025 年，婴幼儿照护服务的政策法规体系和标准规范体系基本健全，多元化、多样化、覆盖城乡的婴幼儿照护服务体系基本形成，婴幼儿照护服务水平明显提升，人民群众的婴幼儿照护服务需求得到进一步满足。

二、主要任务

（一）加强对家庭婴幼儿照护的支持和指导。

全面落实产假政策，鼓励用人单位采取灵活安排工作时间等积极措施，为婴幼儿照护创造便利条件。

支持脱产照护婴幼儿的父母重返工作岗位，并为其提供信息服务、就业指导和职业技能培训。

加强对家庭的婴幼儿早期发展指导，通过入户指导、亲子活动、家长课堂等方式，利用互联网等信息化手段，为家长及婴幼儿照护者提供婴幼儿早期发展指导服务，增强家庭的科学育儿能力。

切实做好基本公共卫生服务、妇幼保健服务工作，为婴幼儿家庭开展新生儿访视、膳食营养、生长发育、预防接种、安全防护、疾病防控等服务。

（二）加大对社区婴幼儿照护服务的支持力度。

地方各级政府要按照标准和规范在新建居住区规划、建设与常住人口规模相适应的婴幼儿照护服务设施及配套安全设施，并与住宅同步验收、同步交付使用；老城区和已建成居住区无婴幼儿照护服务设施的，要限期通过购置、置换、租赁等方式建设。有关标准和规范由住房城乡建设部于2019年8月底前制定。鼓励通过市场化方式，采取公办民营、民办公助等多种方式，在就业人群密集的产业聚集区域和用人单位完善婴幼儿照护服务设施。

鼓励地方各级政府采取政府补贴、行业引导和动员社会力量参与等方式，在加快推进老旧居住小区设施改造过程中，通过做好公共活动区域的设施和部位改造，为婴幼儿照护创造安全、适宜的环境和条件。

各地要根据实际，在农村社区综合服务设施建设中，统筹考虑婴幼儿照护服务设施建设。

发挥城乡社区公共服务设施的婴幼儿照护服务功能，加强社区婴幼儿照护服务设施与社区服务中心（站）及社区卫生、文化、体育等设施的功能衔接，发挥综合效益。支持和引导社会力量依托社区提供婴幼儿照护服务。发挥网格化服务管理作用，大力推动资源、服务、管理下沉到社区，使基层各类机构、组织在服务保障婴幼儿照护等群众需求上有更大作为。

加大对农村和贫困地区婴幼儿照护服务的支持，推广婴幼儿早期发展项目。

（三）规范发展多种形式的婴幼儿照护服务机构。

举办非营利性婴幼儿照护服务机构的，在婴幼儿照护服务机构所在地的县级以上机构编制部门或民政部门注册登记；举办营利性婴幼儿照护服务机构的，在婴幼儿照护服务机构所在地的县级以上市场监管部门注册登记。婴幼儿照护服务机构经核准登记后，应当及时向当地卫生健康部门备案。登记机关应当及时将有关机构登记信息推送至卫生健康部门。

地方各级政府要将需要独立占地的婴幼儿照护服务设施和场地建设布局纳入相关规划，新建、扩建、改建一批婴幼儿照护服务机构和设施。城镇婴幼儿照护服务机构建设要充分考虑进城务工人员随迁婴幼儿的照护服务需求。

支持用人单位以单独或联合相关单位共同举办的方式，在工作场所为职工提供福利性婴幼儿照护服务，有条件的可向附近居民开放。鼓励支持有条件的幼儿园开设托班，招收 2 至 3 岁的幼儿。

各类婴幼儿照护服务机构可根据家庭的实际需求，提供全日托、半日托、计时托、临时托等多样化的婴幼儿照护服务；随着经济社会发展和人民消费水平提升，提供多层次的婴幼儿照护服务。

落实各类婴幼儿照护服务机构的安全管理主体责任，建立健全各类婴幼儿照护服务机构安全管理制度，配备相应的安全设施、器材及安保人员。依法加强安全监管，督促各类婴幼儿照护服务机构落实安全责任，严防安全事故发生。

加强婴幼儿照护服务机构的卫生保健工作。认真贯彻保育为主、保教结合的工作方针，为婴幼儿创造良好的生活环境，预防控制传染病，降低常见病的发病率，保障婴幼儿的身心健康。各级妇幼保健机构、疾病预防控制机构、卫生监督机构要按照职责加强对婴幼儿照护服务机构卫生保健工作的业务指导、咨询服务和监督检查。

加强婴幼儿照护服务专业化、规范化建设，遵循婴幼儿发展规律，建立健全婴幼儿照护服务的标准规范体系。各类婴幼儿照护服务机构开展婴幼儿照护服务必须符合国家和地方相关标准和规范，并对婴幼儿的安全和健康负主体责任。运用互联网等信息化手段对婴幼儿照护服务机构的服务过程加强监管，让广大家长放心。建立健全婴幼儿照护服务机构备案登记制度、信息公示制度和质量评估制度，对婴幼儿照护服务机构实施动态管理。依法逐步实行工作人员职业资格准入制度，对虐童等行为零容忍，对相关个人和直接管理人员实行终身禁入。婴幼儿照护服务机构设置标准和管理规范由国家卫生健康委制定，各地据此做好婴幼儿照护服务机构核准登记工作。

三、保障措施

（一）加强政策支持。充分发挥市场在资源配置中的决定性作用，梳理社会力量进入的堵点和难点，采取多种方式鼓励和支持社会力量举办婴幼儿照护服务机构。鼓励地方政府通过采取提供场地、减免租金等政策措施，加大对社会力量开展婴幼儿照护服务、用人单位内设婴幼儿照护服务机构的支持力度。鼓励地方政府探索试行与婴幼儿照护服务配套衔接的育儿假、产休假。创新服务管理方式，提升服务效能水平，为开展婴幼儿照护服务创造有利条件、提供便捷服务。

（二）加强用地保障。将婴幼儿照护服务机构和设施建设用地纳入土地利用总体规划、城乡规划和年度用地计划并优先予以保障，农用地转用指标、新增用地指标分配要适当向婴幼儿照护服务机构和设施建设用地倾斜。鼓励利用低效土地或闲置土地建设婴幼儿照护服务机构和设施。对婴幼儿照护服务设施和非营利性婴幼儿照护服务机构建设用地，符合《划拨用地目录》的，可采取划拨方式予以保障。

（三）加强队伍建设。高等院校和职业院校（含技工院校）要根据需求开设婴幼儿照护相关专业，合理确定招生规模、课程设置和教学内容，将安全照护等知识和能力纳入教学内容，加快培养婴幼儿照护相关专业人才。将婴幼儿照护服务人员作为急需紧缺人员纳入培训规划，切实加强婴幼儿照护服务相关法律法规培训，增强从业人员法治意识；大力开展职业道德和安全教育、职业技能培训，提高婴幼儿照护服务能力和水平。依法保障从业人员合法权益，建设一支品德高尚、富有爱心、敬业奉献、素质优良的婴幼儿照护服务队伍。

（四）加强信息支撑。充分利用互联网、大数据、物联网、人工智能等技术，结合婴幼儿照护服务实际，研发应用婴幼儿照护服务信息管理系统，实现线上线下结合，在优化服务、加强管理、统计监测等方面发挥积极作用。

（五）加强社会支持。加快推进公共场所无障碍设施和母婴设施的建设和改造，开辟服务绿色通道，为婴幼儿出行、哺乳等提供便利条件，营造婴幼儿照护友好的社会环境。企业利用新技术、新工艺、新材料和新装备开发与婴幼儿照护相关的产品必须经过严格的安全评估和风险监测，切实保障安全性。

四、组织实施

（一）强化组织领导。各级政府要提高对发展婴幼儿照护服务的认识，将婴幼儿照护服务纳入经济社会发展相关规划和目标责任考核，发挥引导作用，制定切实管用的政策措施，促进婴幼儿照护服务规范发展。

（二）强化部门协同。婴幼儿照护服务发展工作由卫生健康部门牵头，发展改革、教育、公安、民政、财政、人力资源社会保障、自然资源、住房城乡建设、应急管理、税务、市场监管等部门要按照各自职责，加强对婴幼儿照护服务的指导、监督和管理。积极发挥工会、共青团、妇联、计划生育协会、宋庆龄基金会等群团组织和行业组织的作用，加强社会监督，强化行业自律，大力推动婴幼儿照护服务的健康发展。

（三）强化监督管理。加强对婴幼儿照护服务的监督管理，建立健全业务指导、督促检查、考核奖惩、安全保障和责任追究制度，确保各项政策措施、规章制度落实到位。按照属地管理和分工负责的原则，地方政府对婴幼儿照护服务的规范发展和安全监管负主要责任，制定婴幼儿照护服务的规范细则，各相关部门按照各自职责负监管责任。对履行职责不到位、发生安全事故的，要严格按照有关法律法规追究相关人员的责任。

（四）强化示范引领。在全国开展婴幼儿照护服务示范活动，建设一批示范单位，充分发挥示范引领、带动辐射作用，不断提高婴幼儿照护服务整体水平。

附件：促进3岁以下婴幼儿照护服务发展工作部门职责分工

国务院办公厅

2019年4月17日

附件：

促进3岁以下婴幼儿照护服务发展工作部门职责分工

发展改革部门负责将婴幼儿照护服务纳入经济社会发展相关规划。

教育部门负责各类婴幼儿照护服务人才培养。

公安部门负责监督指导各类婴幼儿照护服务机构开展安全防范。

民政部门负责非营利性婴幼儿照护服务机构法人的注册登记，推动有条件的地方将婴幼儿照护服务纳入城乡社区服务范围。

财政部门负责利用现有资金和政策渠道，对婴幼儿照护服务行业发展予以支持。

人力资源社会保障部门负责对婴幼儿照护服务从业人员开展职业技能培训，按规定予以职业资格认定，依法维护从业人员各项劳动保障权益。

自然资源部门负责优先保障婴幼儿照护服务机构和设施建设的土地供应，完善相关规划规范和标准。

住房城乡建设部门负责规划建设婴幼儿照护服务机构和设施，完善相关工程建设规范和标准。

卫生健康部门负责组织制定婴幼儿照护服务的政策规范，协调相关部门做好对婴幼儿照护服务机构的监督管理，负责婴幼儿照护卫生保健和婴幼儿早期发展的业务指导。

应急管理部门负责依法开展各类婴幼儿照护服务场所的消防监督检查工作。

税务部门负责贯彻落实有关支持婴幼儿照护服务发展的税收优惠政策。

市场监管部门负责营利性婴幼儿照护服务机构法人的注册登记，对各类婴幼儿照护服务机构的饮食用药安全进行监管。

工会组织负责推动用人单位为职工提供福利性婴幼儿照护服务。

共青团组织负责针对青年开展婴幼儿照护相关的宣传教育。

妇联组织负责参与为家庭提供科学育儿指导服务。

计划生育协会负责参与婴幼儿照护服务的宣传教育和社会监督。

宋庆龄基金会负责利用公益机构优势，多渠道、多形式参与婴幼儿照护服务。

在国家政策的引导下，一些地方政府也在因地制宜积极探索构建适宜的

0~3岁婴幼儿早期教育公共服务各部门合作机制。2019年9月18日，合肥市审议通过了《合肥市促进3岁以下婴幼儿照护服务工作实施意见》，明确了发展方向和相关部门的职责和分工，构建具有合肥特色的0~3岁婴幼儿早期教育公共服务各部门合作机制；9月24日，浙江省杭州市为深入实施《国务院办公厅关于促进3岁以下婴幼儿照护服务发展的指导意见》，扩大3岁以下婴幼儿普惠性托育服务的有效供给，市发展改革委牵头召开国家支持社会力量发展普惠托育服务试点城市申报工作专题会议，市卫生健康委、市财政局、市教育局、市人力资源社会保障局、市民政局、市规划和自然资源局、市建委、市市场监管局、市税务局、市商务局等市级部门，各区、县（市）发改局，金融机构及托育服务机构代表参加会议；江苏省南通市发展改革委联合市卫生健康委制定的《南通市支持社会力量发展普惠托育服务专项行动实施方案》也正酝酿出台，计划2020年6月底之前完成设区市政策清单文件，2020年底前完成城市托育服务体系建设规划编制，各相关部门通力合作着力破解“幼无所托”难题，为市民创造高品质生活。

合肥市人民政府办公室关于印发合肥市促进3岁以下婴幼儿照护服务工作实施意见的通知

合政办〔2019〕25号

各县（市）、区人民政府，市政府各部门、各直属机构：

《合肥市促进3岁以下婴幼儿照护服务工作实施意见》已经市政府第38次常务会议审议通过，现印发给你们，请认真组织实施。

合肥市人民政府办公室

2019年9月18日

合肥市促进 3 岁以下婴幼儿照护服务工作实施意见

根据《中共中央国务院关于实施全面两孩政策改革完善计划生育服务管理的决定》(中发〔2015〕40 号)、《国务院办公厅关于促进 3 岁以下婴幼儿照护服务发展的指导意见》(国办发〔2019〕15 号)等文件精神，为提升全市 3 岁以下婴幼儿(以下简称婴幼儿)照护服务水平，现结合合肥实际，制定本实施意见。

一、指导思想

以习近平新时代中国特色社会主义思想为指引，坚持以人民为中心的发展思想，以需求和问题为导向，坚持以“家庭为主、托育补充，政策引导、普惠优先，安全健康、科学规范，属地管理、分类指导的基本原则，建立完善促进婴幼儿照护服务发展的政策法规体系、标准规范体系和服务供给体系，充分调动社会力量的积极性，多种形式开展婴幼儿照护服务，逐步满足人民群众对婴幼儿照护服务的需求，促进婴幼儿健康成长、广大家庭和谐幸福、经济社会持续发展。

二、主要目标

以创新发展、管理规范、质优量足为总体目标。

到 2019 年底，在人口密集的场所建立母婴设施，启动婴幼儿照护服务试点工作，各县(市)、区(含开发区下同)建成 1~2 个功能健全、设施配套，具有示范效应的婴幼儿照护服务机构示范点。

2020—2022 年，全面推广试点经验，全市婴幼儿照护服务机构城区街道、农村乡镇覆盖率分别达 80%、30% 以上，各县(市)区政府可根据本地 3 岁以下婴幼儿人数分布等情况，结合实际制定社区和村居的具体指标，初步形成“政府推动、部门协同、家庭为主、社会参与”的婴幼儿照护服务支持体系，人民群众的婴幼儿照护服务需求得到基本满足。

到2025年底，坚持公益普惠原则，推进机构与家庭、社区、高校的有效融合，多元化、多样化，覆盖城乡的婴幼儿照护服务体系基本形成，婴幼儿照护服务水平明显提升，人民群众的婴幼儿照护服务需求得到进一步满足。

三、重点任务

（一）完善家庭婴幼儿照护支持和指导。

用人单位依法全面落实产假、护理假等政策，支持脱产照护婴幼儿的父母重返工作岗位，免费为其提供信息服务、就业指导和职业技能培训。鼓励用人单位采取设置育婴室、哺乳室、母婴室等，延长哺乳时间，灵活安排工作时间等积极措施，给予0~3岁二孩适当的营养补助，为婴幼儿照护创造便利条件。

做好基本公共卫生服务和妇幼保健工作，做实做细家庭医生签约服务，为婴幼儿家庭开展新生儿访视、膳食营养、生长发育、预防接种、安全防护、疾病防控等服务。对特殊困难群体的婴幼儿父母，探索通过政府购买服务、志愿者上门服务等形式，为其提供育儿指导和照护服务。

建立由卫生健康牵头，教育、妇联、工会等各相关部门合作的科学育儿指导服务网络，依托城市生活e站、家庭发展服务中心、农村幸福生活e站等阵地，配齐相关专业指导人员，加强对家庭婴幼儿早期发展的指导，增强家庭的科学育儿能力。

（二）建立社区婴幼儿照护服务支持体系。

各县（市）区政府要按照标准和规范，在城区新建居住区和农村新建居民区规划、建设与常住人口规模相适应的婴幼儿照护服务设施及配套安全设施，并与住宅同步验收、同步交付使用。老城区和已建成居住区无婴幼儿照护服务设施的，要限期通过购置、置换、租赁等方式建设。支持农村地区新建或利用闲置房产等改扩建婴幼儿照护服务设施。

支持和引导社会力量依托社区提供婴幼儿照护服务。鼓励通过市场化方式，采取公办民营、民办公助、减租减税等多种方式，在居住、就业人群密集区域和用人单位发展婴幼儿照护服务。鼓励支持社会组织、用人单位、商务楼宇等以单独或联合举办的方式，在工作场所为职工提供福利性婴幼儿照护服务，有条件的可向附近居民开放。鼓励各级政府采取政府补贴、行业引导和动员社会力量参与等方式，在加快推进老旧居住小区设施改造过程中，为婴幼儿照护服务创造安全、适宜的公共环境。

发挥网格化服务管理作用，大力推动资源、服务、管理下沉到社区，整合利用社区服务中心（站）及社区卫生、文化、体育等设施，开展婴幼儿照护服务。

各县（市）区要根据实际，在农村社区综合服务设施建设中，统筹安排婴幼儿照护服务设施建设，加大对农村和贫困地区婴幼儿照护服务的支持。

（三）完善婴幼儿照护服务机构规范化建设。

1. 建设和设置标准。

婴幼儿照护服务设施及配套安全设施建设标准和规范，由城乡建设部门依据有关规定抓好监督落实。民政、市场监督管理等部门依据国家婴幼儿照护服务托育机构设置标准和管理规范，做好婴幼儿照护服务机构核准登记工作。

2. 登记备案流程。

举办非营利性托育服务机构的，举办人应当向机构编制部门或民政部门提交相关材料，依法申请办理登记，并按照实际条件和服务方式，在经营范围内注明托育服务（全日制、半日制或计时制）。机构编制或民政等相关部门完成登记后，应当及时将信息推送至同级卫生健康部门。举办营利性托育服务机构的，举办人应当向市场监督管理部门提交相关材料，并依法办理登记手续，在经营范围内注明托育服务（全日制、半日制或计时制），专营婴幼儿照护服务；

市场监督管理部门完成核准登记后，应当及时将信息推送至同级卫生健康部门。

托育服务机构经核准登记后，应当及时向所在地卫生健康部门备案，卫生健康部门提供备案回执和托育机构基本条件告知书。需提供餐饮服务的机构，应当依法办理食品经营许可证，未取得食品经营许可证的，不得提供餐饮服务。

有条件的幼儿园可招收2~3岁的幼儿，纳入幼儿园日常管理，并向所在地县（市）区卫生健康部门登记备案。

3. 安全责任。

托育服务机构应当落实安全管理主体责任，建立健全安全管理制度，完善照护服务、安全保卫等监控体系，制定应急预案，配备必要的安保人员和物防、技防设施，监控报警系统确保24小时设防，配合卫生健康部门做好疾病预防控制和婴幼儿健康管理工作，在紧急情况下必须优先保障婴幼儿的安全。卫生健康等有关部门按照职责分工，加强对托育机构的指导、监督和管理，依法加强安全监管，严防安全事故发生。

（四）推动综合监管机制建立。

建立市、县（区）、街道（乡镇）三级联动综合监管机制，畅通投诉举报渠道，加大对婴幼儿照护服务市场违法违规行为的查处力度。建立日常检查机制。建立举办者自查、行业协会监督、卫生健康部门牵头定期巡查、相关职能部门随机抽查、街道（乡镇）协调辖区相关执法机构联合检查的综合监管体系，开展照护服务市场违法违规行为的日常检查发现工作。建立归口受理和分派机制。建立由卫生健康部门牵头的归口受理机制，对巡查发现或投诉举报的线索进行初步核实，并分派到相关职能部门处理。建立违法查处机制。婴幼儿照护机构涉及违反多个法律法规的，由卫生健康部门牵头，整合区域内执法力量，联合市场监督管理、公安等部门开展联合执法。涉嫌犯罪的，移交司法机关处理。建立诚信评价机制。建立婴幼儿照护机构诚信档案，将婴幼儿照护机构的违法信息纳入公共信用信息服务平台，实行违法失信惩戒制度。依法公开婴幼儿照护机构的登记、备案等基本信息，加强事中事后监管，提高监测预警能力。建立行业自律机制。指导从业者成立婴幼儿照护服务行业协会，发挥社会组织行业自律、协调、规范等作用。组织婴幼儿照护服务从业人员学习政策法规，增强照护服务从业人员依法从业意识，提高从业人员职业素养。建立信息管理机制。民政、市场监管、卫生健康等部门应当将婴幼儿照护服务有关政策规定、托育机构登记备案要求等信息在官方网站公开，接受社会查询和监督。对婴幼儿照护机构基本信息、服务过程、人员信息、诚信记录以及业务数据等进行信息化管理，促进优质服务，加强动态监管。

四、保障措施

（一）加强政策支持。将婴幼儿照护服务列入市政府“十四五”经济社会发展总体规划纲要和目标责任考核，发挥引导作用，制定专项规划。充分发挥市场在资源配置中的决定性作用，梳理社会力量进入的堵点和难点，采取多种方式鼓励和支持社会力量举办婴幼儿照护服务机构。鼓励探索试行与婴幼儿照护服务配套衔接的育儿假、产休假。为社区提供托育服务的机构，可按照《关于养老、托育、家政等社区家庭服务业税费优惠政策的公告》（财政部税务总局发展改革委民政部商务部卫生健康委公告2019年第76号）有关规定享受税费优惠政策。对于开展婴幼儿照护服务工作中取得明显成效，起到示范引领作用的婴幼儿照护机构，可给予适当奖补。

（二）加强队伍建设。扩大学前教育专业人才培养规模，引导部分驻肥有关院校设立婴幼儿照护专业，加快培养专业化婴幼儿照护服务队伍。建立健全婴幼儿照护机构及从业人员的评估监测制度，加强事中事后监管。婴幼儿照护机构从业人员参加职业技能培训，并按规定享受培训补贴。

（三）加强综合保障。将婴幼儿照护服务机构和设施建设用地纳入土地利用总体规划、城乡规划和年度用地计划并优先予以保障，农用地转用指标、新增用地指标分配要适当向婴幼儿照护服务机构和设施建设用地倾斜。鼓励利用低效土地或闲置土地建设婴幼儿照护服务机构和设施。对婴幼儿照护服务设施和非营利性婴幼儿照护服务机构建设用地，符合划拨用地目录的，可采取划拨方式予以保障。加快推进公共场所无障碍设施和母婴设施的建设和改造，开辟服务绿色通道，为婴幼儿出行、哺乳等提供便利条件，营造婴幼儿照护友好的社会环境。

（四）加强组织管理。婴幼儿照护服务发展工作由卫生健康部门牵头，发展改革、教育、公安、民政、财政、人力资源社会保障、自然资源规划、城乡建设、应急管理、税务、市场监管等部门要按照各自职责，加强对婴幼儿照护服务的指导、监督和管理。工会、共青团、妇联、计划生育协会等群团组织和行业协会组织要积极发挥作用，加强社会监督，推动行业自律。各县（市）区政府建立婴幼儿照护工作联席会议制度，定期商议解决本地婴幼儿照护服务管理工作中的问题，引导婴幼儿照护机构合理布局和规范发展，协同各部门推进婴幼儿照护服务工作开展，指导各地将公益性婴幼儿照护服务纳入社区公共服务体系。

（五）加强责任担当。各县（市）区政府对婴幼儿照护服务的规范发展和安全监管负属地责任，制定婴幼儿照护服务的规范细则，各相关部门按照各自职责负监管责任，建立健全业务指导、督促检查、考核奖惩、安全保障和责任追究制度，确保各项政策措施、规章制度落实到位，对履行职责不到位、发生安全事故的，严格按照有关法律法规追究责任。

本意见自 2019 年 11 月 1 日起施行，有效期 2 年。

附件：

促进 3 岁以下婴幼儿照护服务发展工作部门职责分工

市卫生健康委牵头落实婴幼儿照护服务机构设置标准和管理办法等，制定婴幼儿照护服务发展专项规划，协调相关部门对婴幼儿照护服务机构进行监督管理和业务指导。负责对本市婴幼儿照护服务机构卫生保健、疾病防控、婴幼儿早期发展等工作进行技术支持与业务指导，依法对婴幼儿照护服务机构的饮用水卫生、传染病防控等进行监督检查。指导婴幼儿照护服务行业协会建设，做好行业自律管理。

市发展改革委员会负责将婴幼儿照护服务纳入经济社会发展相关规划，做好与幼儿园收费政策衔接。

市教育局负责各类婴幼儿照护服务人才培养，指导有条件的幼儿园延伸 2~3 岁托育服务管理。

市公安局负责对婴幼儿照护服务机构的安全管理工作进行监管，组织指导属地公安机关开展安全防范工作，做好突发事件的应急处突工作。

市民政局负责指导各县（市）区开展非营利性婴幼儿照护服务机构的登记管理工作，推动有条件的地方将婴幼儿照护服务纳入城乡社区服务范围，对低保低收入困难家庭中的幼儿及时提供社会救助。

市财政局负责利用现有资金和政策渠道，对婴幼儿照护服务行业发展予以支持。

市人力资源和社会保障局负责对婴幼儿照护服务从业人员开展职业技能培训，按规定予以职业资格认定，依法保障从业人员各项劳动保障权益。指导各县（市）区开展职业技能培训。按规定开展职业技能鉴定。

市自然资源和规划局负责指导各县（市）区开展婴幼儿照护服务机构和设施的规划、土地管理相关工作。

市城乡建设局负责指导各县（市）区规划建设婴幼儿照护服务机构和设施，完善相关工程建设规范和标准。

市应急管理局负责指导消防救援机构单独或配合公安派出所将婴幼儿照护服务机构纳入消防执法范围，依法对其开展消防监督检查。

市税务局负责婴幼儿照护服务相关税政业务和征收管理工作，支持婴幼儿照护服务机构享受国家相关税收优惠政策。

市市场监督管理局负责本市行政区域内营利性婴幼儿照护服务机构的登记管理工作，指导县（市）区市场监督管理局开展食品安全监管，依法查处违反相关法律法规的行为。

市总工会负责调查研究职工婴幼儿照护服务需求，推动用人单位为职工提供福利性婴幼儿照护服务，对企事业单位内举办的婴幼儿照护服务点进行监督和指导，推动婴幼儿照护服务从业人员职业道德建设。

团市委负责针对青年开展婴幼儿照护相关的宣传教育。

市妇联负责协同推进社区婴幼儿照护服务机构的设点布局，参与为家庭提供科学育儿指导服务，加强对女性从业人员的职业道德宣传和维权服务。

市计生协会负责参与婴幼儿照护服务的宣传教育和社会监督，对计划生育家庭婴幼儿照护服务给予帮助。

南通市人民政府办公室关于促进3岁以下婴幼儿照护服务发展的实施意见

通政办规〔2020〕5号

各县（市）、区人民政府，南通经济技术开发区、苏锡通科技产业园区、通州湾示范区管委会，市各委、办、局，市各直属单位：

《关于促进3岁以下婴幼儿照护服务发展的实施意见》已经 2020年10月28日十五届市政府第61次常务会议审议通过，现印发给你们，请认真贯彻执行。

南通市人民政府办公室

2020年11月6日

南通市政府办公室关于促进3岁以下婴幼儿照护服务发展的实施意见

为推进我市3岁以下婴幼儿（以下简称婴幼儿）照护服务发展，不断满足婴幼儿家庭多样化多层次照护服务需求，根据国务院办公厅《关于促进3岁以下婴幼儿照护服务发展的指导意见》（国办发〔2019〕15号）和省政府办公厅《关于促进3岁以下婴幼儿照护服务发展的实施意见》（苏政办发〔2020〕1号）等文件精神，结合我市实际，提出如下实施意见。

一、总体要求

以习近平新时代中国特色社会主义思想为指导，全面贯彻落实党的十九大和十九届二中、三中、四中、五中全会精神，坚持以人民为中心的发展思想，以需求和问题为导向，按照政府引导、部门协同、家庭为主、多方参与、普惠可及的总体思路，建立完善以家庭科学育儿为基础，以社区托育服务为依托、以机构普惠托育为补充，多元化、多层次的婴幼儿照护服务体系，健全婴幼儿照护服务工作管理的体制机制，为婴幼儿提供安全方便、灵活多样的照护服务，促进婴幼儿健康快乐成长，增进家庭和谐幸福。

二、工作目标

到 2020 年底，婴幼儿照护服务的标准规范体系和监督管理体系初步建立，建成 12 家普惠性婴幼儿照护服务机构，创建 1 家以上省级婴幼儿照护服务示范机构。

到 2022 年，全市探索建立具有南通特色的婴幼儿照护服务体制机制，初步建立市、县（市）区、街道（镇）婴幼儿照护服务管理网络。婴幼儿照护服务机构有序发展，建成一批示范性、普惠性照护机构，推进对婴幼儿家长和看护人的科学育儿指导服务，人民群众的婴幼儿照护服务需求得到初步满足。

到 2025 年，婴幼儿照护服务的政策法规体系和标准规范体系基本健全，家庭、社区、机构“三位一体”的婴幼儿照护服务体系基本形成，婴幼儿照护服务水平明显提升，人民群众的婴幼儿照护服务需求得到进一步满足。

三、重点任务

（一）家庭婴幼儿照护服务促进行动。

1. 指导促进家庭照护服务。倡导以家庭为主的育儿模式，重视和加强家庭科学育儿指导。探索建立政府引导、社会参与的公益性科学育儿指导服务模式，对 0~12 个月婴幼儿家长和看护人进行一年 2 次的科学育儿指导服务，对 13~36 个月婴幼儿提供一年 4 次免费体验式计时制照护服务。实施家庭婴幼儿照护者免费培训计划，依托妇幼保健机构、婴幼儿照护机构、助幼社工团等专业社会组织，对照顾婴幼儿的家庭成员或家政人员提供免费培训，提高家庭成员专业照护能力。〔市卫生健康委、市人力资源社会保障局、市教育局、市财政局、市妇联负责，各县（市）、区人民政府（管委会）负责落实。以下均需各县（市）、区人民政府（管委会）落实，不再单列〕

2. 加强婴幼儿早期发展指导。切实做好婴幼儿基本公共卫生服务和妇幼保健服务工作，为婴幼儿家庭开展新生儿访视、疾病防控等服务和膳食营养、生长发育、安全防护等指导。推动科学育儿知识普及，根据家庭服务需求，组织开展适合婴幼儿身心发展特点的活动，编制针对家庭婴幼儿照护的知识手册，利用互联网开发线上指导服务，为婴幼儿家庭提供儿童保健、保育人员、专家指导等服务指南与资源，为婴幼儿家庭服务。（市卫生健康委负责）

（二）社区婴幼儿照护服务提速行动。

3. 推进社区照护服务设施配置。将婴幼儿照护服务纳入社区服务体系。编制婴幼儿照护服务设施专项规划时，城市地区按照每百户不少于 20 平方米的标准，在新建小区规范配置婴幼儿照护服务设施，做到同步规划、同步设计、同步建设、同步验收；按照每百户不低于 15 平方米的标准，在老城区和已建成居住区，通过购置、置换、租赁等方式，建设完善婴幼儿照护服务设施。城镇婴幼儿照护机构建设要充分考虑进城务工人员需求。农村社区综合服务设施建设中，要参照城市建设标准，统筹规划婴幼儿照护服务设施建设。（市民政局、市自然资源和规划局、市住房和城乡建设局、市卫生健康委负责）

4. 推进婴幼儿照护服务优质资源下沉社区。按照“小型、就近、适用”原则，鼓励利用符合条件的妇女儿童之家、家庭教育指导服务中心、学前教育机构、社区卫生服务中心等资源，建设嵌入式、分布式、连锁化的社区婴幼儿照护服务设施，提供全日托、半日托、计时托、临时托等多样化的普惠性服务。（市发展改革委、市财政局、市卫生健康委、市教育局、市民政局、市妇联负责）

（三）机构婴幼儿照护服务发展行动。

5. 支持社会力量依法兴办照护机构。充分发挥市场在资源配置中的决定性作用，优先支持和鼓励社会力量举办全日制的普惠照护机构，发展有特色的计时制服务机构，提供连锁化、专业化服务。鼓励政府机关、企事业单位通过市场化方式，采取公建民营、民办公助等多种方式完善婴幼儿照护服务设施，并对社会开放普惠性服务。支持用人单位以单独或联合相关单位共同举办的方式，在工作场所为职工提供福利性婴幼儿照护服务，有条件的可向附近居民开放。（市发展改革委、市卫生健康委、市总工会负责）

6. 依托幼儿园延伸照护服务。充分发挥幼儿园专业资源集聚优势，通过改建、扩建幼儿园，在满足区域内 3~6 岁儿童入园需求基础上开设托班或扩大托班规模，增加托班的资源供给；鼓励有条件的地区在新建配套幼儿园时，落实托班的建设要求，满足举办托班的用房需求；鼓励民办幼儿园开设托班，实行托幼一体化管理，统筹托幼服务资源、提高资源使用效益。（市教育局、市发展改革委、市自然资源和规划局、市住房和城乡建设局、市卫生健康委负责）

（四）婴幼儿照护服务提质行动。

7. 加大婴幼儿照护服务标准建设。贯彻落实国家、省或行业标准，加快建立覆盖全面、重点突出、结构合理的婴幼儿照护服务标准规范体系，健全婴幼儿照护服务机构管理、人才队伍培养、从业人员职业资格准入及管理相关政策，加强婴幼儿照护机构专业化、标准化、规范化建设。婴幼儿照护机构的设置应当综合考虑城乡区域发展特点，科学规划，合理布局，符合建筑设计、治安防范、消防安全、卫生环保等有关要求。（市卫生健康委、市公安局、市民政局、市人力资源社会保障局、市自然资源和规划局、市生态环境局、市住房和城乡建设局、市市场监管局、市消防支队负责）

8. 落实婴幼儿照护机构卫生保健规范。加强婴幼儿照护机构的卫生保健工作，严格执行婴幼儿照护机构卫生保健工作规范。贯彻落实保育为主、保教结合的工作方针，各地妇幼保健、疾病预防控制、卫生监督机构要按照职责，加强对婴幼儿照护机构卫生保健工作的业务指导、咨询服务和监督检查。每年组织一次婴幼儿照护机构从业人员的卫生保健培训和健康检查，预防控制传染病，降低常见病的发病率，保障婴幼儿身心健康。（市卫生健康委负责）

9. 提高从业人员素质。将婴幼儿照护服务人员作为急需紧缺人员纳入就业培训规划，鼓励支持婴幼儿照护服务从业人员参加保育员、育婴员等职业技能培训，符合条件的按规定给予相关补贴。加强从业人员职业道德、职业技能、职业安全教育、心理健康教育，提高服务意识和能力水平。支持婴幼儿照护机构针对不同岗位、不同对象特点，开展教师、育婴员、保育员、卫生保健员、食品安全管理员、安保员等岗位培训，提高全面服务婴幼儿的能力。（市人力资源社会保障局、市教育局、市卫生健康委负责）

（五）婴幼儿照护服务监管提升行动。

10. 完善婴幼儿照护机构登记备案制度。机构所在地县级以上机构编制部门负责本行政区域内非营利性事业单位性质的婴幼儿照护机构的注册登记；民政部门负责本市行政区域内非营利性社会服务机构的婴幼儿照护机构的注册登记；行政审批部门负责本市行政区域内营利性婴幼儿照护机构的注册登记，市场监督管理部门负责本行政区域内婴幼儿照护机构的注册登记的指导工作；注册登记时，应在业务范围内注明托育服务。婴幼儿照护机构经核准登记后，应当及时向当地卫生健康部门备案。登记机关、卫生健康部门和公安部门建立部门联席会商制度，定期共享机构登记信息。（市委编办、市民政局、市行政审批局、市市场监管局、市卫生健康委、市住房和城乡建设局、市公安局负责）

11. 建立婴幼儿照护机构等级评价制度。从机构设置标准、服务规模、服务管理、服务提供、服务评价等方面研究制定婴幼儿照护机构等级评价标准，通过实施分级分类管理、建立第三方评估制度、加强社会监督、健全信息公示制度等措施，推动婴幼儿照护机构的规范化管理和运作。（市卫生健康委负责）

12. 健全婴幼儿照护服务综合监管机制。按照属地管理和分工负责的原则，各地对辖区内婴幼儿照护的规范发展和安全监管负主要责任，各职能部门按照各自职责落实监管责任。督促各类婴幼儿照护机构落实安全管理的主体责任，严防安全事故发生。运用互联网等信息化手段对照护机构的服务行为进行监管，定期向社会发布监督检查情况。建立市、县、镇（街道）三级联动综合监管机制，畅通投诉举报渠道，加大对照护服务违法违规行为的查处力度，形成日常检查发现、归口受理和分派、违法查处等各环节分工牵头负责、共同履职的机制。建立婴幼儿照护机构及其从业人员诚信档案和黑名单制度，对虐童等行为零容忍，对相关个人和直接管理人员实行终身禁入，涉嫌违法的严格依法处理。（市相关部门分工负责）

四、完善组织保障

（一）加强组织领导。婴幼儿照护服务是生命全周期服务管理的重要内容，事关婴幼儿健康成长，事关千家万户。各地、各部门要高度重视婴幼儿照护服务工作，切实加强组织领导，将婴幼儿照护服务纳入经济社会发展相关规划、纳入政府和相关部门的目标责任考核。健全婴幼儿照护服务管理体制，设立婴幼儿照护服务指导机构，明确人员负责本区域内婴幼儿照护机构的行业管理、政策咨询和业务培训等工作，落实工作经费，稳妥有序推进婴幼儿照护服务工作。

（二）加强部门协同。构建卫生健康部门牵头，各相关部门密切配合的工作协调机制，建立婴幼儿照护服务工作联席会议制度，定期商议解决婴幼儿照护服务管理工作中的重大问题大力推进婴幼儿照护服务发展。各有关部门、群团组织和行业组织要密切协作，按照各自职责，加强对婴幼儿照护服务的指

导、监督和管理，形成推进婴幼儿照护服务发展的强大合力。（市相关部门分工负责）

（三）加强政策支持。通过政府购买服务、财政补贴、提供场地、减免租金、税费优惠等政策措施，加大对婴幼儿照护机构的支持力度。符合条件的托育机构水、电、气实行居民价格。全面落实国家对社区家庭服务业的税费优惠政策，为社区提供婴幼儿照护服务的机构，按规定免征增值税、契税、房产税、城镇土地使用税、不动产登记费等相关税费，同时享受所得税的优惠政策。政府出资或参股的融资担保机构给予托育服务项目支持，鼓励银行保险机构创新开发金融产品，为婴幼儿照护服务行业提供更好的信贷支持和保险保障。（市发展改革委、市财政局、市税务局、市住房和城乡建设局、市地方金融监管局、南通银保监分局负责）

（四）加强用地保障。将婴幼儿照护机构和设施建设用地纳入国土空间规划和年度用地计划并优先予以保障。农用地转用指标、新增用地指标分配要适当向婴幼儿照护服务机构和设施建设用地倾斜。鼓励利用低效或闲置土地建设婴幼儿照护服务机构和设施。对婴幼儿照护服务设施和非营利性婴幼儿照护服务机构建设用地，符合《划拨用地目录》的，可采取划拨方式予以保障。（市自然资源和规划局负责）

（五）严格监督管理。各地、各部门加强对婴幼儿照护服务的监督管理，重点强化婴幼儿照护机构的建筑安全、消防安全、食品安全和人身安全，建立健全业务指导、督促检查、考核奖惩、安全保障和责任追究制度，对履行职责不到位、发生安全事故的，要严格按照有关法律法规追究相关人员的责任。（市相关部门分工负责）

附件：

促进3岁以下婴幼儿照护服务发展工作部门职责分工

编制部门：依职权负责非营利性婴幼儿照护服务机构法人审批登记。

发展改革部门：负责将婴幼儿照护服务纳入经济社会发展相关规划；促进婴幼儿照护服务体系建设，牵头国家支持社会力量发展普惠托育服务专项行动试点工作。

教育部门：负责各类婴幼儿照护服务人才培养。

工业和信息化部门：负责利用信息化技术，为婴幼儿照护服务提供支持。

公安部门：负责监督指导各类婴幼儿照护服务机构开展安全防范。

民政部门：负责非营利性婴幼儿照护服务机构法人的注册登记；将婴幼儿照护服务纳入城乡社区服务体系。

财政部门：负责利用现有资金和政策渠道，对婴幼儿照护服务行业发展予以支持，提供必要的经费保障。

人力资源和社会保障部门：负责对婴幼儿照护服务从业人员开展职业技能培训，按规定予以职业资格认定，依法维护从业人员各项劳动保障权益；为促进婴幼儿照护提供相关支持保障。

自然资源和规划部门：负责优先保障婴幼儿照护服务机构和设施建设的土地供应，落实完善相关规划规范和标准。

生态环境部门：负责落实婴幼儿照护服务机构和设施的环保要求。

住房城乡建设部门：负责规划建设婴幼儿照护服务机构和设施；支持社区婴幼儿照护服务发展，落实完善相关建设规范和标准。

文化广电和旅游部门：负责利用各种媒体资源，为家庭提供科学育儿指导服务。

卫生健康部门：负责组织制定婴幼儿照护服务的政策规范；协调相关部门做好对婴幼儿照护服务机构的监督管理；负责婴幼儿照护卫生保健和婴幼儿早期发展的业务指导。

消防救援部门：负责依法开展各类婴幼儿照护服务场所的消防监督检查工作。

税务部门：负责落实有关支持婴幼儿照护服务发展的税费优惠政策。

市场监管部门：负责营利性婴幼儿照护服务机构注册登记的指导；依法加强对婴幼儿照护服务机构的监督管理。

行政审批部门：负责营利性婴幼儿照护服务机构的注册登记。

大数据管理部门：负责对婴幼儿照护服务智慧平台建设提供技术支持和指导。

地方金融监督管理部门：负责为婴幼儿照护服务提供相关金融政策支持。

银保监部门：负责为婴幼儿照护服务提供保险政策支持。

工会组织：负责推动用人单位为职工提供福利性婴幼儿照护服务；维护职工休假、就业等合法权益。

共青团组织：负责针对青年开展婴幼儿照护相关的宣传教育。

妇联组织：负责参与为家庭提供科学育儿指导服务。

计划生育协会：负责参与婴幼儿照护服务的宣传教育和社会监督。

第五章　分析与讨论

通过对国内0~3岁婴幼儿早期教育公共服务困境的根源进行分析研究，作者认为我国长期缺乏针对0~3岁婴幼儿早期教育公共服务的统一政策，主要原因是部门之间缺乏合作。纵观国内先进和试点地区的实践以及美国的具体做法可以发现其共同点，即在统一政策指导下的，多部门共同参与、相互合作。这种跨部门合作机制非常值得借鉴。

第一节　国内0~3岁婴幼儿早期教育公共服务的现实困境分析：以山东省和南京市为例

一、山东省0~3岁婴幼儿早期教育公共服务现状分析

本研究通过问卷调查以及对部分家庭进行访谈，了解到山东省0~3岁婴幼儿早期教育公共服务的基本现状，通过研究分析发现其有以下几个特征。

（一）0~3 岁婴幼儿以家庭养育为主

通过调查发现，除了青岛市的早期教育形成了领先的服务体系之外，山东省其他地区的 0~3 岁婴幼儿大多数为家庭养育，且以隔代抚养为主，也有少部分年轻妈妈独自照看，隔代教养成为目前相对普遍的一种看护方式。

祖辈在家看护孩子能够有效缓解父辈工作压力，减少看护支出，并且在增添祖辈生活乐趣的同时，使家庭价值观、文化价值观和生命历程得以很好地传承。但是，有研究指出隔代照看的弊端也非常明显，如祖辈容易溺爱幼儿，教育观念落后等；祖辈教养方式会对孩子的问题行为产生影响，因此隔代教育并不利于孩子的发展，可能还会造成更加严重的问题。

相对于隔代教养父辈教养下的幼儿入学准备水平更高，主要表现为认知灵活性、注意力、坚持性较好，态度端正，语言表达能力也较强。这是因为父母具有较为科学和先进的养育意识，更加有利于幼儿未来的发展。但现在年轻人生活节奏快，整天忙于工作，与孩子一起玩耍、接触、交流的时间和机会相对较少，这对于婴幼儿语言、动作的发育，良好情感和个性品质的养成以及社会交往能力等方面的健康发展都会造成不良影响。另外，由于缺乏科学的指导，家庭教育还有可能产生两个极端：一是过于重视生理上的需求，而忽视了精神方面的需求，特别是祖辈，更容易溺爱孩子；二是有的家长盲目超前和过度的教育，忽视了孩子身心发展的特点，把应该在下一阶段做的事，提早到 3 岁前来做。由此来看，当前急需建设具有先进教育理念的托育机构，一方面能够缓解父母的照看压力，另一方面可以弥补祖辈照看方式的不足。

（二）0~3 岁早期教育公共投入总体不足，难以满足家长需求

《山东省中长期教育改革和发展规划纲要（2011—2020 年）》提出要重视

0~3 岁儿童早期教育，截至 2017 年，山东省陆续有部分城市和地区开始进行 0~3 岁婴幼儿早期教育指导的试点工作。如 2014 年《青岛市教育局办公室关于印发〈青岛市 0 至 3 岁婴幼儿教养指导纲要（试行）〉的通知》（青教通字〔2014〕110 号）。该通知指出："密切联系卫生计生、民政、妇联等部门，充分发挥早期教育指导机构、妇幼保健机构的专业优势，利用多种媒介深入宣传《指导纲要》，引导广大婴幼儿家长（看护人）和社会各界树立科学的早期教育观念，形成有利于早期教育事业健康发展的氛围。"

2017 年，潍坊诸城市也提出充分利用幼儿园优质资源，把诸城市实验幼儿园、市直机关幼儿园、纺织幼儿园枫香湖畔园区、帝中海儿童之家幼儿园、明德幼儿园等 15 家省十佳幼儿园和省示范幼儿园，确定为早期教育试点单位。试点单位每年为全市 0~3 岁婴幼儿及家长免费提供 8 次公益早教活动，其中 0~3 岁婴幼儿的家长参加 2 次公益课堂，2~3 岁幼儿家长参加 6 次亲子课程，包括发育与健康、感知与运动、认知与语言、情感与社会等领域的专业指导服务。这些市区对于早期教育工作的启动，使我们看到了教育主管部门对早期教育的重视。

但山东省其他市区并未见到有关 0~3 岁早期教育指导的政策或文件出台，而且至今尚未明确 0~3 岁婴幼儿早期教育的主管部门。在财政投入上，学前教育经费仅用于 3~6 岁幼儿的学前教育，尚未惠及 0~3 岁婴幼儿早期教育。在教育方面，山东省各公办幼儿园也未提供面向 0~3 岁婴幼儿家长的早期教育指导服务，随着全面两孩政策的实施，山东省每年约有 100 万出生人口，这是一个庞大的有着早期教育指导需求的群体，因此，目前山东省提供的早期教育指导是难以满足广大家长需求的。

（三）社区早期教育指导服务缺失

社区是由具有认同感和归属感的人群组成的地域社会共同体。建立以社区为基础的早期教育服务网络是当今世界学前教育领域的一个热点，它不仅备受世界各国政府、学者和教育实践工作者的关注，而且也被联合国教科文组织和联合国儿童基金会列为其工作的一个要点。我国《幼儿园教育指导纲要（试行)》中指出：要充分利用幼儿园和社区的资源优势，面向家长开展多种形式的早期教育、指导等服务，促进幼儿家庭教育质量的不断提高。但通过调查和访谈发现，目前山东省社区在发挥0~3岁婴幼儿早期教育方面的功能还比较薄弱，社区内的单位和个人未形成建立社区0~3岁早期教育社会服务网络的责任意识。家长们普遍反映社区仅对辖区内0~3岁婴幼儿进行健康检查、预防接种等保健指导，目前社区提供的早期教育讲座大多与社区内的医疗服务点联合组织，内容主要涉及婴幼儿喂养、营养等方面，多偏向于医学方面的知识，关于早期教育方面的内容非常少。计生委等部门对0~3岁婴幼儿的早期教育问题虽然也非常重视，但这些部门由于缺乏专业的师资队伍，对婴幼儿早期教育这一专业服务无能为力。因此，社区0~3岁婴幼儿早期教育缺乏理论指导和实践基础，未能建立早教社会服务网络，未能有效发挥社区早期教育服务功能。

二、南京托育服务存在的问题和困难研究分析

2011年，南京市委市政府《关于进一步加强人口服务管理工作的意见》提出“重视0~3岁儿童早期发展”，明确由卫生计生委牵头，各部门共同协助推动0~3岁婴幼儿早期发展工作，具有以市场为主，卫计主管、联席审查、市场运作、以奖代补等特点。其中有一些成功的、普遍适用的经验，如扶持社会

力量办园，建立统筹协调机制和联席审查会议制度；设立专项基金，以奖代补，并对资金使用跟踪监管；通过普惠性早期发展服务进行社区体验等。此外，南京及全国其他地方还有一些共同面临的问题与挑战，仍需国家在政策和财政方面给予更多的关注与投入。

（一）托育机构创办过程艰难，缺乏顶层设计导致各部门政策协调困难

由于托育服务行业的特殊性，入行门槛较高，且托育机构在市场监管或民政部门注册并取得营业执照后，招收的孩子一般较少，生源的不稳定导致收入波动较大。特别是同等条件下，民办机构托育费用高于公办幼儿园，并且公办幼儿园的托班有对接幼儿园，因此家长更愿意选择公办幼儿园入托，导致民办机构在招生方面处于劣势。

（二）从业人员职业标准缺失，人员流动大

目前国家颁布的法规中没有关于 3 岁前托育与指导人员的师资要求与标准。但是 3 岁前婴幼儿处于生长发育快速成长期，自我保护性差，3 岁前的托育工作更需要专业性和科学性。目前，托育机构的师资人员一般用育婴师、幼儿教师替代，均不能满足 0~3 岁婴幼儿早期发展的行业资质要求。没有专业职称评价体系和培训机制，教师发展空间受限，无证上岗现象比较严重。

（三）法规尚不健全，服务管理标准不统一

中央与地方对 0~3 岁婴幼儿早期发展工作缺少相关法规和规范；早期发展的理论和体系繁杂、没有课程设置规范和从业人员资质标准，开展工作时受到种种制约，缺乏相应的手段和办法。加之缺乏顶层规划和对各部门具体工作职

能的界定，相关部门的实际运行难以统筹协调，托育机构的日常监管不到位。社会办园标准、师资准入、培训教育、监督考核等制度也不健全，社会机构以公司名义在市场监管部门注册登记的居多，还有部分机构没有履行任何申办手续。在查处和取缔无资质机构过程中无执法依据，执法成效不明显。

第二节 国内 0~3 岁婴幼儿托育服务先进和试点地区的实践经验分析：以上海市和青岛市为例

一、上海市 0~3 岁婴幼儿早期教育公共服务实践分析

在全国各地的实践中，上海市对 0~3 岁婴幼儿早期教育公共服务的规范管理走在了前沿，上海市对 0~3 岁婴幼儿早期教育公共服务的重视由来已久，相关服务的数量和质量均居全国首位。通过研究分析发现，上海 0~3 岁婴幼儿早期教育公共服务之所以走在全国前列，是因为上海针对 0~3 岁婴幼儿早期教育公共服务采取了一系列行之有效的措施。

（一）成立上海市早期教育指导服务中心，指导全市托育服务工作

2016 年 10 月，上海市早期教育指导服务中心挂牌成立，该中心是由上海市教育委员会和黄浦区合作共建的市级早期教育公共服务指导服务机构，是上海市早教指导工作的实验基地和研发中心，也是上海市早期教育师资队伍的专

业发展中心。上海市早期教育指导服务中心的成立是上海市建立规范化早教指导服务体系的重要举措，标志着上海市0~3岁婴幼儿早期教育指导工作进入了新的发展阶段。

上海市早期教育指导服务中心依托原黄浦区早期教育第一指导中心建立而成，与上海市教委信息中心学前教育信息部合署办公，其功能定位主要包括指导、研究、培训、交流四个方面。建立市区两级早教指导工作网络，负责对区县早教工作开展专业指导；整合市教育、医学、心理等专家资源，制定早教服务标准、研发早教指导课程，承担国家与市级早教课题的研究；对区、县早教指导队伍实施规范化专业培训；开展国内外早教与科学育儿的专项合作与交流。同时，积极通过网络媒体、信息技术及科学育儿指导宣传活动等多种途径，加大对科学育儿理念、育儿经验的宣传力度，实现上海市优质早教资源的辐射共享。

目前，上海已初步建立了由教育、卫生计生、妇联等多部门合作的早期教育指导服务网络。各区县成立了区级早教指导中心19个，各类早教指导点400多个，对全市0~3岁婴幼儿家庭的免费早教指导服务也从原来的一年4次增加至一年6次。在早教指导的工作模式、指导形式以及课程内容等方面积累了丰富的经验，形成了各式各样的早教资源。

（二）上海市针对0~3岁婴幼儿早期教育公共服务出台了一系列政策

2018年4月，为贯彻党的十九大精神和进一步落实《中共中央 国务院关于实施全面两孩政策 改革完善计划生育服务管理的决定》，为促进上海市托育服务更加健康有序的发展，上海市政府印发了《关于促进和加强本市3岁以下幼儿托育服务工作的指导意见》，同时发布了《上海市3岁以下幼儿托育机构管理暂行办法》和《上海市 3 岁以下幼儿托育机构设置标准（试行）》（简称“1+2”文件），政策实施以来，取得了初步的成效。截至 2019 年 7 月 30 日，上海市持有“依法开展托育服务告知书”的托育机构有 136 家。其中营利性机构 91 家，非营利性机构 44 家，免费福利性机构 1 家。

（三）上海市针对 0~3 岁婴幼儿早期教育公共服务探索多样服务模式

上海婴幼儿照护服务已经形成了定位政府引导、家庭为主、多方参与的多种模式，为我国 0~3 岁婴幼儿照护服务事业的发展探索出一系列新路。

第一，为婴幼儿家庭提供指导。上海因地制宜，按照国家和上海市对 0~3 岁婴幼儿早期教育与指导服务工作的有关要求，探索适合社区特点的指导模式，提供多形式、多样化、个性化的宣传指导服务，满足家庭多样化需求，完善 3 岁以下婴幼儿家庭教育指导服务工作。具体有：搭建指导服务平台和建立专业指导服务队伍。

根据上海市政府和市教委统一部署，各区县成立了早教指导中心，卫生健康委则开始创建社区 0~3 岁婴幼儿科学育儿指导服务示范点；上海市卫生健康部门充分发挥家庭计划指导室等部门的积极性，配备了有关 0~3 岁科学育儿的书刊报纸、音像资料、玩具等硬件设备，为社区 0~3 岁婴幼儿家庭提供全面的服务。区县卫生局、卫生健康委整合资源，在社区卫生服务中心（站）、村卫生室同步建立家庭计划指导室，落实家庭计划指导员，并对家庭计划指导员进行专题培训；招募 0~3 岁科学育儿青年志愿者，定期与不定期组织面向家庭的科学育儿知识宣传活动。

第二，依托社区提供综合服务。2016 年 1 月 1 日起，全国实行全面两孩政策。然而，2016 年上海市总工会和上海社会科学院开展的“全面两孩政策背景下上海 0~3 岁婴幼儿托幼问题研究”课题调研显示，拥有上海市户籍并且符合政策的育龄妇女中有 80% 不愿生育第二个孩子，其主要原因就是“没人照顾”。由此可见，要使“全面两孩”政策真正落地，首先必须解决托幼问题，完善托幼服务体系，帮助年轻父母解除后顾之忧。上海政府响应市民需求在 2016 年新建了一批社区托幼点，以“公建民营”的方式，以社区服务为载体，为家庭照顾困难的上海市户籍 2~3 岁幼儿提供可及性的、综合性的服务。

第三，医教结合提供健康指导。“医教结合”是在原来 0~3 岁散居儿童早教以教育为主的工作模式下，引入医学鉴定和评估，根据儿童的实际生理和心理发育程度有针对性地实施个性化指导服务。早教指导医生要介入更多一点，孩子的成长离不开生命健康，不仅特殊儿童如此，正常儿童也需要医教结合，所以医教结合主要涉及两个方面，一个是结合医学理论知识背景，促进日常 0~3 岁婴幼儿教养问题的解决；另外一个是通过医教结合，使具有身心障碍的儿童得到早期干预，从而使其最大限度地接近正常人的生理或心理机能。

第四，开展托幼一体服务。托与幼是两种不同办学性质、不同管理体制的教育机构。包括教师的来源管理以及教育资源的归属等。上海市依据有关法规、政策从托幼一体化教育需求出发，探索出以下两种管理体制。

一园两制型，即一所托幼园两种体制，实施托幼一体化管理后，托幼管理站保留机制不变，托儿所人员性质不变，其工资待遇等都不变。这种模式很好地解决了教养人员的来源问题，没有加重国家的财政负担。这种体制适膈具有一定办学规模的托儿所和幼儿园合二为一，如一体型、连体型等。

一园一制型，即一体化托幼机构中，教养人员以事业编制人员为主，不足的部分再向社会招聘，将能胜任保教工作的人员充实到整个园的师资中，进行统筹安排。这种体制适用于规模较小的、被兼并或附设托儿所（班）的托幼教育机构中。

总之，上海市政府鼓励尚存的集体办托儿所拓展托班供给，支持符合条件的民办幼儿园开设托班，政府则通过减免租金、减免税收、用水用电优惠等方式给予运营机构政策支持。

二、青岛市 0~3 岁婴幼儿早期教育公共服务试点实践分析

通过对国家试点城市青岛市早期教育试点实践的深入研究分析，发现青岛市制定了一系列专门政策，明确了部门分工，使 0~3 岁婴幼儿早期教育公共服务有章可循。青岛市 0~3 岁婴幼儿早期教育指导试点工作由市政府统一领导，市教育局牵头，卫生健康、妇联、民政和人力资源社会保障等部门联动开展，制定试点工作方案，有目的、有计划地推动早期教育试点工作扎实、有序开展。各区（市）建立试点工作领导小组，进一步明确工作职责，定期研究解决早期教育工作推进过程中遇到的困难和问题。

教育部门负责将 0~3 岁婴幼儿早期教育纳入教育发展的总体规划，认真贯彻落实党和国家、省、市关于学前教育的方针、政策，研究制定有关政策措施；承担对早期教育机构的业务指导；建立早期教育师资培训、考核和资格审查制度；负责早期教育师资的入职资格审查、日常考核以及早期教育指导师培训；负责早期教育机构的审批注册；探索建立符合青岛市实际的早期教育工作模式等。

卫生健康部门负责探索适应当前医疗卫生服务体系的早期教育服务模式，对早期教育机构的卫生保健、饮食营养等方面进行指导和监督；协助育婴师入职和在职培训，有计划地对 0~3 岁婴幼儿家长（看护人）进行儿童卫生保健、

饮食营养、生长发育等方面的咨询指导和培训；指导监督社区医院定期对社区婴幼儿进行体检、发育监测评价、疾病预防等。

人口计生部门负责提供0~3岁婴幼儿数据及相关资料，广泛开展“三优”知识宣传，增强群众的“三优”意识和能力。充分发挥全国科学育儿示范基地、和谐幸福家庭基本公共服务中心的作用，开展育婴师和三优指导师培训，指导人口计生干部和婴幼儿家长（看护人）提高科学育儿能力。

除此之外，还有一些部门参与了服务体系的管理。妇联负责保障0~3岁婴幼儿及其家长（看护人）接受科学的早期教育指导的合法权益，负责做好宣传、组织、发动工作，充分发挥家庭教育指导中心、社区父母学堂的作用，加强对早期教育从业人员和婴幼儿家长（看护人）的培训，切实提高其科学育儿水平；发展改革部门负责将0~3岁婴幼儿早期教育工作纳入当地经济社会发展规划；财政部门负责早期教育经费扶持和保障等工作；物价部门负责制定早期教育机构收费管理政策；民政部门负责将早期教育工作纳入社区服务范畴；同级民政部门做好民办早期教育机构法人登记管理工作；人力资源社会保障部门负责按照国家职业资格标准对育婴师等相关职业（工种）进行考试鉴定。

第三节 美国0~3岁婴幼儿托育服务的政策创新与实践分析：以婴幼儿专家网络体系为例

婴幼儿专家是美国0~3岁婴幼儿保育和教育领域新兴的职业角色，婴幼儿专家网络（ITSN）则是以州为依托创设的婴幼儿专家协同工作体系，是近年来美国政府重视0~3岁婴幼儿保育和教育的一项新举措。婴幼儿专家网络关注在家庭之外接受集体保育的 0~3 岁婴幼儿的发展，其总体目标是提升托幼机构看护人的实践能力和每一个婴幼儿的发展水平及质量。此外，婴幼儿专家网络还能够与早期开端（EHS）、质量评级与改进系统（QRIS）等高质量的婴幼儿服务项目对接，共同打造 0~3 岁婴幼儿综合性服务体系。2011 年，美国有 27 个州建立了婴幼儿专家网络，它们的出现为婴幼儿保育质量的提升提供了新的途径和机遇。①

一、婴幼儿专家网络的兴起

婴幼儿专家这一新兴职业角色最早源于美国儿科学会的健康儿童保育美国项目（Healthy Child Care America，HCCA），该项目 1995 年由联邦政府机构健康与人类服务部（Department of Health & Human Services）下设的儿童保育局（Child Care Bureau）和妇幼保健局（Bureau of Maternal and Child Health）共同资助设立。HCCA 创建了以健康保健顾问方式提升全国儿童保育质量的实践模式，其目标是在全国的每一个州创建一个儿童保健顾问网络，在保健专业人员、儿童保育场所与家庭之间建立稳固的联系，支持儿童保育环节的健康与安全。保健顾问可以提供培训、咨询、评估或制定健康政策等多种服务，最终达到提高儿童保育质量的目的。HCCA 的工作通常聚焦 0~3 岁婴幼儿。② 在一些州，这些保健顾问构成了婴幼儿专家这一新角色的基础。

---

① National Infant & Toddler Child Care Initiative. (2011).Infant/Toddler Specialist Networks factsheet, 2011[EB / OL] . http://www.zerotothree.org/public-policy/state-community-policy/nitcci/infant-toddler-specialist-network.pdf.

② HCCA strengthens state licensing regulations to improve the quality of child care[EB / OL] . http://www.healthychildcare.org/pdf/TellingHCCA.pdf

婴幼儿专家网络的创建是在脑科学研究新成果的推动下，美国各级政府重视并力图改善 0~3 岁婴幼儿保育质量的结果。

（一）婴幼儿研究新成果的推动

随着脑科学、心理学和教育学等领域研究与实践的不断发展，越来越多的人认识到良好的早期教育能促进婴幼儿的健康发展，并为其后继学习和终身发展奠定坚实基础。20 世纪 90 年代，脑科学发展的新信息开始盛行，0~3 岁的重要性得到脑科学研究的证实，家庭之外的婴幼儿保育问题得到广泛重视，并吸引了研究者、教育界人士和普通民众的关注。[①] 婴幼儿发展研究新成果认为，0~3 岁是婴幼儿身体、情感、社会、动作和认知能力发展最快的阶段，婴儿从出生的那一刻起，已经是一名有能力的学习者了。父母在儿童的发展中起到最为重要的作用，但 3 岁以下婴幼儿在家庭之外接受的集体保育质量对于儿童的发展同样具有根本性影响。

《从神经细胞到社会成员》的研究表明，对于 0~3 岁的婴幼儿来说，应使他们在多种关系中获得学习和发展，婴幼儿与看护人之间积极、丰富以及可预知的关系能够帮助婴幼儿形成安全型依恋。如果儿童和家庭以及看护人之间的关系是互动、丰富和持续不断的，就能更好地适应以后的学习，为学业成功打下良好基础。[②] 这意味着看护人对 0~3 岁婴幼儿的照料对于孩子一生的学习和发展都具有关键性影响。高质量的早期保育有助于提升入学准备，推动数学和语言能力发展，降低认知和社会性方面的困难。

---

① 林秀锦 . 美国的早期保育与教育 [M]. 南京：江苏教育出版社，2006：8.

② SHONKOFF J P, PHILLIPS D A . From Neurons to Neighborhoods: The Science of Early Chuldhood Development[M]. Pittsburgh: National Academy Press,2000.

（二）0~3 岁婴幼儿保育质量面临的严峻形势

根据专业研究机构的统计，美国共有 1200 万 3 岁以下儿童，其中有 500 万婴幼儿处于家庭之外的保育环境中，将近一半的 3 岁以下婴幼儿每周有 25 个小时的时间由父母之外的人照料。大多数 0~3 岁婴幼儿每周至少接受 1 次在家庭之外的保育。① 因此，婴幼儿保育从业者是决定保育质量的重要因素。

然而，1995 年由科罗拉多大学丹佛分校经济和社会政策研究中心苏珊·赫本（Suzanne Helburn）教授主持，来自加州大学洛杉矶分校、北卡罗来纳大学和耶鲁大学的各领域专家学者联合进行的研究表明，美国的婴幼儿保育质量总体状况令人担忧，包括科罗拉多、加利福尼亚、北卡罗来纳和康涅狄格四个州的婴幼儿保育中心质量存在严重问题，看护者和幼儿之间的互动质量偏底，婴幼儿的活动不足，健康和安全存在问题，保育质量极低。②

保育质量的低下与婴幼儿从业人员的素质低下密切相关。据美国联邦劳动统计局的资料显示，从事 6 岁以下儿童保育工作的人员每小时工资不足 10 美元，平均收入刚过 8 美元。③ 各州对于婴幼儿保育从业的资格要求不一，在一些州不到高中学历的人都可以从事该项工作。劳动统计局的资料还表明，保育工作人员的流动性很大。全国幼儿保育从业者的平均年收入为两万美元，年流动率为 36%。④ 高流动率加上专业知识和技能的匮乏，使得婴幼儿保育从业人员对于儿童发展缺乏足够的了解，无法与婴幼儿建立稳定的师幼关系，进而无

① Quality Infant/Toddler Care[EB / OL] . http://forourbabies.org/learn-more/quality-care/

② Helburn, S.W. (Ed.). (1995). Cost, quality, and child care outcomes in child care centers: Technical report. Denver, CO: Denver Department of Economics, Center for Research in Economic and Social Policy, University of Colorado at Denver. Retrieved August 5, 2010[R], http://www.eric.ed.gov/PDFS/ED386 297.pdf.

③ Bureau of Labor Statistics, U.S. Department of Labor. (2009). Occupational outlook handbook, 2010–11 edition: Child care workers[R]. http://www.bls.gov/oco/ocos170.html.

④ Quality Infant/Toddler Care[EB / OL] . http://forourbabies.org/learn-more/quality-care/

法满足婴幼儿及其家庭的需要。

（三）联邦政府的政策与资金支持

婴幼儿研究新成果的推出，以及婴幼儿保育质量低下，促使美国政府开始重视 0~3 岁婴幼儿保育和教育投入，着力提升婴幼儿保育质量。20 世纪 90 年代以来，美国联邦和州层面在推动和支持 0~3 岁婴幼儿保育和教育质量方面进行了几项重大举措。

1994 年，克林顿政府设立了“早期开端项目”（EHS），为处境不利的 0~3 岁婴幼儿及其家庭提供早期教育综合服务。“早期开端项目”是 20 世纪 60 年代“开端项目”（Head Start）向 0~3 岁婴幼儿服务的延伸，是一个服务两代人的项目，目标是推动婴幼儿的健康与发展，强化家庭与社区之间的合作关系，为低收入家庭孕期妇女、婴儿和学步儿提供新的服务。1998 年，国会授权“儿童保育与发展基金”（Child Care and Development Fund，CCDF）拿出部分资金资助低收入家庭婴幼儿的早期保育。2002 年，小布什政府在推出《不让一个孩子掉队法》之后，又推行了专门面向 0~3 岁婴幼儿的“良好开端，聪明成长”行动计划，进一步强化“开端计划”。这些计划在美国政治生态中历经几十年艰难推行，取得了积极成效。[①] 联邦政府的这些举措为各州加大 0~3 岁婴幼儿早期教育和教育的投入提供了资金支持和激励政策。

（四）州政府的积极推动

在这些因素的综合推动下，美国各州开始关注婴幼儿看护者的专业技能，

---

① 闫守轩，段蕾，范超．美国奥巴马政府“0~5 岁教育计划”的解析与借鉴 [J]. 辽宁师范大学学报（社会科学版），2011，34（6）：65-67.

并着手创建婴幼儿专家服务体系。北卡罗来纳州创建婴幼儿专家网络的原因是看到了专家对于本州“婴幼儿环境评价量表”（ITERS-R）的低分评估数据；弗吉尼亚州开始进行网络创建，目的是为婴幼儿提供高质量的早期经验；新泽西州决定从婴幼儿保育开始提高本州的早期保育和教育的质量；伊利诺伊州则在 2009 年《美国复兴与再投资法案资金》的支持下开始创建和实施其婴幼儿专家网络，提高婴幼儿保育质量。①

对于这些州而言，将婴幼儿专家网络引入本州的早期教育服务体系既是机遇，又是挑战。一个婴幼儿专家网络可以与多个相关体系共享利益关系，如开端计划、健康、教育、儿童保育、早期干预、心智健康、社会服务，以及州级 QRIS 和学前教育专业发展体系等。正因为涉及多种机构和多个系统，所以如何将这些机构和项目体系与婴幼儿专家网络进行融合成了各州面对的一个挑战。如，婴幼儿专家网络如何与早期开端项目、开端项目技术援助体系和州开端项目合作办公室进行对接？婴幼儿专家网络如何与其他顾问网络，如早期干预、早期心智健康等对接？如何与儿童保育资格对接？如何与 QRIS 乃至高等教育专业发展对接？这些都是各州在创建婴幼儿专家网络时要面临和解决的问题。

然而，将婴幼儿专家网络与这些已经建立起来的体系进行融合也蕴含了多重机会。无论是在规划还是实施方面，与既存的儿童保育体系进行合作有助于婴幼儿专家网络的有效发展，同时也使这些已经建立的体系更为完善。各州的开端项目合作办公室可以帮助婴幼儿专家网络与早期开端项目和州开端项目的技术援助服务建立联系；一些州还可以创建合作性的、多学科的体系，与来自

① Developing a Statewide Network of Infant and Toddler Specialists: Technical Assistance Manual for States and Territories, 2011[EB / OL] . http://www.zerotothree.org/public-policy/state-community-policy/nitcci/developing-a-statewide-network-of-infant-and-toddler-specialists.pdf.

多学科和多项目的专家进行合作，共同提高婴幼儿服务质量。①

州政府对于ITSN的行政管理结构具有选择权，有权选择雇佣网络经理和专家，选择一位州政府雇员与专家网络机构协同工作，并代表专家网络与其他实体签订协议。各州网络经理的角色和职责各不相同。有些州的经理负责婴幼儿专家的招聘、培训和监管；在另一些州，经理则更多地作为协调者支持专家网络，从开端项目培训和技术援助系统、当地早期开端项目和其他早期儿童项目和服务中尽可能多地获取资源。

二、婴幼儿专家网络创建的步骤

各州创建ITSN的步骤基本相同。第一，进行需求和准备状况评估，包括收集和梳理信息、分析体系准备情况。第二，设立网络要实现的目标，确定工作范围和重点。第三，进行财政预算，寻找资金来源并签署协议。第四，挑选管理组织，签署合同或协议。创建行政管理构架，包括设计网络结构，设立岗位、明确职责。第五，对网络的运行效果进行评估。具体步骤如下。

（一）对婴幼儿专家网络的需求和准备状况进行评估

创建ITSN的第一步，是要思考本州对于婴幼儿专家网络的需求，以及现有儿童早期保育和教育体系对专家体系所能提供的支持。需要收集人口统计资料、儿童保育与发展基金信息系统、开端计划社区需求评估、家访项目需求评估、儿童保育资源和推介服务、资格许可体系、专业发展体系和QRIS等方面

① Coordinating Child Care Consultants: Combining Multiple Disciplines and Improving Quality in Infant/Toddler Care Settings[EB / OL] . http://nitcci.nccic.acf.hhs.gov/resources/consultation_brief.pdf.

的资料。此外，在对这些信息进行综合述评时还要考虑一些关键问题：本州有多少 0~3 岁婴幼儿？多少家庭处于贫困状态？这些幼儿的父母一方或双方都有工作的比例是多少？是否有充足的、并且获得资格许可的保育机构为需要得到保育的婴幼儿服务？婴幼儿在公立保育中心、早期开端项目和家庭保育所接受保育的数量分别是多少？这些地方的环境质量以及保育工作者的知识技能怎样？已有的合作、协作伙伴或标准是什么？联邦政府的开端项目能够为该网络提供哪些技术支持和培训等。

（二）设定目标

设立婴幼儿专家网络要实现的目标，确定工作范围和重点。具体包括对核心利益相关者与合作伙伴的认同与邀请；设立愿景、宗旨和目标；设立逻辑模式；制定行动策略和行动计划。进行这一步骤时需要考虑的关键问题是建立婴幼儿专家网络的目标是提高婴幼儿看护者的数量，还是提高当前婴幼儿工作者的知识和技能；是仅仅与那些资助儿童的项目打交道，还是与所有的婴幼儿项目打交道；是否要帮助看护者达到 QRIS 的标准；是否在任何环境下都实施婴幼儿保育项目（PITC）；是否提供个性化指导和咨询服务等。

弗吉尼亚的婴幼儿专家网络目标是：①提升在家庭之外接受保育的婴幼儿保育教育的质量；②提高婴幼儿照料者、教师和指导者的教育水平和能力；③促使提高社区的保育意识以及使用现有的支持婴儿和学步儿的健康、安全和营养保育的资源和服务；④履行高效、负责的婴幼儿专家体系；⑤提高服务能力。

（三）编制财政预算、寻找资金来源

财政预算除了要考虑工作和日常开支外，还包括聘请有经验的专家的费用，吸引婴幼儿工作者参与和完成培训的费用，和本州早期教育专家顾问网络建立联系的费用。婴幼儿专家网络有多个资金资助渠道，当前已经创建专家网络的 27 个州均接受 CCDF 的婴幼儿专项资金进行运作。此外，这 27 个州中有一些州还有自己的资金运作方式，其中有 7 个州（26%）同时使用美国复兴与再投资法案（American Recovery and Reinvestment Act，ARRA）的资金，如亚利桑那州、佐治亚州和北卡罗来纳州等；3 个州（11%）使用本州的追加资金，如北达科他州、俄克拉何马州等；加利福尼亚州（4%）同时接受私人资金对专家网络的资助。

（四）设计评估方案

由于创建婴幼儿专家网络的发展与实施需要大量的人力和财力，因此，网络体系的资助者会通过项目来评估了解他们在这方面的投入是否值得。创建者从一开始的制定计划阶段到发展与实施阶段，对于 ITSN 的评估应该是构建该网络的关键问题。创建者需要设计评估以测评该项目的作用，策略的有效性，以及必要的调整方案。

设计评估并选择评估人。首先要确定本州或该婴幼儿专家网络是否有职责起草或实行评估的注册财务策划师（Registered Financial Planner，RFP）。不管是谁最终负责评估，都有一些共同的考量：评估人是否有早期教育方面的经历；是否掌握早期教育领域中的评估标准工具；是否具备开发新的评估测量工具的能力；是否有与资助来源和相关利益者密切合作的意愿。

评估的资金来源是网络预算的一部分，如果没有纳入网络运行预算，可以

寻求其他资金来源，包括私人基金赞助，或联邦政府的机构资助，如儿童与家庭管理署（Administration for Children and Families）下设的“计划、研究与评估办公室”（Office of Planning Research，and Evaluation）的资助，也可以寻求高校教育系统的合作与支持。

三、婴幼儿专家网络的运行机制

婴幼儿专家是一个正在兴起的职业角色，有其特定的职业要求。婴幼儿专家运行网络也有其特定的运行机制。婴幼儿专家受雇于州政府以及州政府下设的儿童保育资源和推介（Child Care Resource & Referral，CCR & R ）、早期开端、早期干预、家访、高等教育机构、专业发展系统和技术援助网络等机构和组织。作为面向全州工作的婴幼儿专家网络，婴幼儿专家需直接面对婴幼儿照料者，向其提供知识、技能和责任心等方面的内容，以满足早期保育和教育环境中婴幼儿的个体需求。因此，无论婴幼儿专家是在何种机构或项目工作，他们都需具备共同的知识和技能。

（一）婴幼儿专家网络机构的管理

目前大多数ITSN由美国州政府和州儿童保育资源和推介予以管理，少数由高等教育或其他组织管理。关于网络办公机构的考虑：全州有没有一个可以提供服务的组织？这个组织能够与所有的保育机构、婴幼儿工作者和早期保育教育社区协同工作吗？该组织具备婴幼儿保育的专业能力吗？该组织的管理系统有运作州项目的能力吗？该组织是否有足够的灵活性，有发展和改变的空间？该组织与ITSN有可信的承诺吗？网络之家提供的服务范围结构是什么？

等等。

在考虑该组织的能力时，应考虑其以下经验：具有监管项目成功实施的经验；有一个核心化结构以记录监管项目成功实施；建立了以社区为基础服务范围的合作伙伴关系；财政稳定与会计管理；服务的范围具有儿童早期项目的正向结果；有资质优良的工作队伍以实现既定目标；有数据收集、分析能力；设立、监管和发展婴幼儿倡议和基础设施；活动评估与结果测评。

（二）婴幼儿专家专业知识和技能

婴幼儿专家需具备的知识和技能包括：关于0~3婴幼儿发展所有方面的深厚知识和经验；关于婴幼儿如何与生活中重要的成人形成持续的、有意义的关系的知识；如何使幼儿父母参与到保育项目中；完全理解婴幼儿及其家庭成员的需要；关注最新的研究、实践和政策动态；能够在任何环境中为婴幼儿保教者提供最大的支持；与其他相关咨询和服务体系建立沟通与联系；等等。由于这一新型职业对婴幼儿保教理论知识和实践技能具有双重要求，因而符合条件的人选很少。理想状况下的婴幼儿专家应该具备婴幼儿早期发展或相关领域的学士学位，同时拥有婴幼儿保教及服务婴幼儿家长的实践经验。具有早期教育专业的硕士学位可以在教师培训和教育方面有更大的发展空间。

在2011年已经创建婴幼儿专家网络的27个州里，有20个州要求服务专家的最低学位是学士，包括加利福尼亚、纽约、肯塔基和伊利诺伊等州。缅因州和科罗拉多州要求硕士学位，华盛顿州的专家服务网络由获得专业学位的护理人员构成，佐治亚、蒙大拿和南卡罗来纳大学要求具有本州认定的婴幼儿专业证书。①

由于婴幼儿专家是一个新兴职业，各州已经开始着手创造婴幼儿早期保教的在职培训机会，这些机会通常是某种培训课程或技能领域的认证培训，如加利福尼亚州的婴幼儿保育项目（PITC）或婴幼儿环境评价量表（ITERS-R）；并在全州提供持续性服务，例如纽约州的婴幼儿专家在职培训计划，包括技术援助技能、婴幼儿早期保教、社区和项目资源运用、专业发展 / 质量倡导等内容。

（三）婴幼儿专家网络服务范围

婴幼儿专家网络为多个机构的婴幼儿教师提供专业服务，包括公立的儿童保育中心，家庭办儿童保育之家和早期开端项目等。所有 27 个州的专家网络都为儿童保育中心提供服务，26 个州拥有为保育之家提供服务的网络，21 个州的专家网络为早期开端项目提供服务。州政府及 / 或州儿童保育资源网络对专家网络有行政管理权。有些专家网络由高等教育机构或其他机构管理。②

现在，婴幼儿专家越来越多地与本州的 QRIS 密切合作，共同改进婴幼儿保育环境，提高其质量以获得更高的质量等级或认证。婴幼儿专家可以独立工作，也可以与来自多个学科的专家组成团队协同工作。他们的工作通常以一套正式评估工具开始，比如使用专门评估政府资助的保育中心的婴幼儿环境等级

---

① National Infant & Toddler Child Care Initiative. (2011).Infant/Toddler Specialist Networks factsheet, 2011[EB / OL] . http://www.zerotothree.org/public-policy/state-community-policy/nitcci/infant-toddler-specialist-network.pdf.

② Developing a Statewide Network of Infant and Toddler Specialists: Technical Assistance Manual for States and Territories, 2011[EB / OL] . http://www.zerotothree.org/public-policy/state-community-policy/nitcci/developing-a-statewide-network-of-infant-and-toddler-specialists.pdf.

量表（Infant/Toddler Environment Rating Scale，Revised Edition，ITERS-R）①，以及专门评估私立的家庭保育中心的家庭保育环境等级量表（Family Child Care Environment Rating Scale，Revised Edition，简称 FCCERS-R）。这两个评估量表面向不同的机构，但评估的内容基本相同，都是包括 38 个项目 7 个分量表，分别对保育机构的空间与家具、个别照料日程、听与说、活动、互动、项目结构、父母与保育人员的状况和质量进行评估。

为让婴幼儿照料者了解其项目的力度和需求，他们也会使用观察工具并回应照料者或主管的问题与关注点。项目工作人员或家庭保育中心也可以和婴幼儿专家共同制定目标和实现目标的对策。

（四）婴幼儿专家需要获得的支持

为了实现有效运作的目标，婴幼儿专家网络不仅需要得到网络经理人的支持，还需要得到早期保教领域各种组织的支持。

婴幼儿专家网络的经理作为一名日常工作的管理者，是网络的人事主管，需要对婴幼儿专家提出的工作要求。经理可以针对新入职的婴幼儿专家制定一个职前培训日程表，和社区中的婴幼儿专家同步，对工作人员进行必要的考评，以确保他们能够获得专业发展机会。

婴幼儿专家通常在当地社区独立工作，需要具备高水平的沟通、协调和提供支持的能力，以确保全州的网络功能有效发挥。因此，要为婴幼儿专家和那些接受专家服务的保育机构开发持续性的服务指南，包括从其他机构获取不同层次的技术援助、培训和咨询服务，发展合作伙伴关系，帮助婴幼儿专家队伍解除困惑。这些创建婴幼儿专家网络的州正在努力构建一种合作性的顾问模

① Infant/Toddler Environment Rating Scale，Revised Edition（ITERS-R）[EB / OL] . http://www.ersi.info/iters.html.

式，以便协调各种相同或不同学科领域的专家，形成一个有效提升婴幼儿专家水平的正规体系，提升保教质量。①

综上所述，美国婴幼儿专家网络是以州为依托而创设的婴幼儿专家协同工作体系，是具有极大发展潜力的为婴幼儿保育都提供协调顾问服务的媒介，该网络关注在家庭之外接受集体保育的 0~3 岁婴幼儿的发展，为婴幼儿从业人员提供教育、培训、技术援助、指导和辅导等专业支持，重在提升早期保育机构看护人的实践能力和每一个婴幼儿的发展水平。婴幼儿专家网络体系是近些年美国政府重视 0~3 岁婴幼儿保育和教育的一项新举措，为婴幼儿保育质量的进一步提升提供了新的机遇和途径。

从美国 0~3 岁婴幼儿托育服务的创新实践可以看出，各个创新州的整合举措各不相同，创新亦没有固定模式。但是，他们都是以 0~3 岁婴幼儿早期服务体系为基础，结合本州特定背景和具体情况进行最佳整合，创新、协作、跨部门合作是其共同特征。当前，我国正在探索 0~3 岁早期教育公共服务体系的构建，0~3 岁婴幼儿的早期保育与教育涉及万千家庭。探索构建我国 0~3 岁早期教育公共服务体系，美国 0~3 岁婴幼儿托育服务的整合创新实践是值得借鉴的。

（1）完善国家政策法规体系，引领和规范 0~3 岁婴幼儿早期教育公共服务有序发展。借鉴美国联邦政府激励和引领 0~3 岁婴幼儿托育服务的经验，我国在实施试点的基础上，出台全国性的 0~3 岁婴幼儿托育服务政策法规，为各省市制定适合本地的地方性法规提供依据和指导，以引领和规范我国 0~3 岁婴幼儿托育服务的发展。

（2）设置专门机构，统一管理和协调相关部门工作。借鉴美国州政府设立

---

① National Infant & Toddler Child Care Initiative. (2011).Infant/Toddler Specialist Networks factsheet, 2011[EB / OL] . http://www.zerotothree.org/public-policy/state-community-policy/nitcci/infant-toddler-specialist-network.pdf.

“儿童发展委员会”等专门机构管理0~3岁婴幼儿托育服务的做法，建议政府设置专门工作机构，统一管理和协调相关部门工作，明确各有关部门的管理职责和分工，探索政府主导，教育、卫生健康、发展改革、市场监管等部门主管，民政部门、妇联、社区、托幼机构以及高校协同合作的方式，构建综合性的0~3岁婴幼儿托育服务体系。

（3）增加财政投入，建立财政资金与社会资本共同参与的投资体制。借鉴堪萨斯州整合创新性财政政策支持实施EHS项目和罗得岛州多渠道融合财政资金支持家访计划的做法，我国各级政府应在加大财政投入的同时，制定完善相关政策，吸纳企业、私人和慈善资金等社会资本，共同构建公益性、普惠性、综合性的0~3岁婴幼儿早期教育公共服务体系。

第四节　我国发展0~3岁婴幼儿早期教育公共服务的新举措分析

我国发展0~3岁婴幼儿早期教育公共服务的新举措为构建跨部门合作指明了方向，并提出了要求。2019年4月17日，国务院办公厅出台了《关于促进3岁以下婴幼儿照护服务发展的指导意见》（以下简称《意见》），明确指出0~3岁婴幼儿照护服务发展工作由卫生健康部门牵头，发展改革、教育、公安、民政、财政、人力资源社会保障、自然资源、住房城乡建设、应急管理、税务、市场监管等部门要按照各自职责，加强对婴幼儿照护服务的指导、监督和管理。积极发挥工会、共青团、妇联、计划生育协会、宋庆龄基金会等群团组织和行业组织的作用，加强社会监督，强化行业自律，大力推动婴幼儿照护服务的健康发展。各级政府要制定切实管用的政策措施，各相关部门要按照各自职责，加强对婴幼儿照护服务的指导、监督和管理。通过加强政策支持、用地保障、队伍建设、信息支撑和社会支持等，促进婴幼儿照护服务规范健康发展。

《意见》明确了部门职责和分工。发展改革部门负责将婴幼儿照护服务纳入经济社会发展相关规划；教育部门负责各类婴幼儿照护服务人才培养；公安部门负责监督指导各类婴幼儿照护服务机构开展安全防范；民政部门负责非营利性婴幼儿照护服务机构法人的注册登记，推动有条件的地方将婴幼儿照护服务纳入城乡社区服务范围；财政部门负责利用现有资金和政策渠道，对婴幼儿照护服务行业发展予以支持；人力资源社会保障部门负责对婴幼儿照护服务从业人员开展职业技能培训，按规定予以职业资格认定，依法维护从业人员各项劳动保障权益；自然资源部门负责优先保障婴幼儿照护服务机构和设施建设的土地供应，完善相关规划规范和标准；住房城乡建设部门负责规划建设婴幼儿照护服务机构和设施，完善相关工程建设规范和标准；卫生健康部门负责组织制定婴幼儿照护服务的政策规范，协调相关部门做好对婴幼儿照护服务机构的监督管理，负责婴幼儿照护卫生保健和婴幼儿早期发展的业务指导；应急管理部门负责依法开展各类婴幼儿照护服务场所的消防监督检查工作；税务部门负责贯彻落实有关支持婴幼儿照护服务发展的税收优惠政策；市场监管部门负责营利性婴幼儿照护服务机构法人的注册登记，对各类婴幼儿照护服务机构的饮食用药安全进行监管。各部门的明确分工必将有利于促进构建多部门共同参与、相互合作的机制，改善和促进我国0~3岁婴幼儿早期教育公共服务的健康发展。

依据《意见》，各部门各司其职，按照各自分工努力推动我国3岁以下婴幼儿照护服务体系建设。2019年8月29日，住房城乡建设部重新修订了《托儿所、幼儿园建筑设计规范》（JGJ39—2016）；2019年10月8日，国家卫生健康委为加强托育机构专业化、规范化建设，按照《意见》的要求，组织制定了

《托育机构设置标准（试行)》和《托育机构管理规范（试行)》。

国家卫生健康委关于印发托育机构设置标准（试行）和托育机构管理规范（试行）的通知

国卫人口发〔2019〕58号

各省、自治区、直辖市及新疆生产建设兵团卫生健康委：

为加强托育机构专业化、规范化建设，按照《国务院办公厅关于促进3岁以下婴幼儿照护服务发展的指导意见》(国办发〔2019〕15号）的要求，我委组织制定了《托育机构设置标准（试行)》和《托育机构管理规范（试行)》(可从国家卫生健康委网站下载)。现印发给你们，请遵照执行。

国家卫生健康委

2019年10月8日

托育机构设置标准（试行）

第一章 总 则

第一条 为建立专业化、规范化的托育机构，根据《中华人民共和国未成年人保护法》等法律法规以及《国务院办公厅关于促进3岁以下婴幼儿照护服务发展的指导意见》，制定本标准。

第二条 坚持政策引导、普惠优先、安全健康、科学规范、属地管理、分类指导的原则，充分调动社会力量积极性，大力发展托育服务。

第三条 本标准适用于经有关部门登记、卫生健康部门备案，为3岁以下婴幼儿提供全日托、半日托、计时托、临时托等托育服务的机构。

第二章　设置要求

第四条　托育机构设置应当综合考虑城乡区域发展特点，根据经济社会发展水平、工作基础和群众需求，科学规划，合理布局。

第五条　新建居住区应当规划建设与常住人口规模相适应的托育机构。老城区和已建成居住区应当采取多种方式完善托育机构，满足居民需求。

第六条　城镇托育机构建设要充分考虑进城务工人员随迁婴幼儿的照护服务需求。

第七条　在农村社区综合服务设施建设中，应当统筹考虑托育机构建设。

第八条　支持用人单位以单独或联合其他单位共同举办的方式，在工作场所为职工提供福利性托育服务，有条件的可向附近居民开放。

第九条　鼓励通过市场化方式，采取公办民营、民办公助等多种形式，在就业人群密集的产业聚集区域和用人单位建设完善托育机构。

第十条　发挥城乡社区公共服务设施的婴幼儿照护服务功能，加强社区托育机构与社区服务中心（站）及社区卫生、文化、体育等设施的功能衔接。

第三章　场地设施

第十一条　托育机构应当有自有场地或租赁期不少于3年的场地。

第十二条　托育机构的场地应当选择自然条件良好、交通便利、符合卫生和环保要求的建设用地，远离对婴幼儿成长有危害的建筑、设施及污染源，满足抗震、防火、疏散等要求。

第十三条　托育机构的建筑应当符合有关工程建设国家标准、行业标准，设置符合标准要求的生活用房，根据需要设置服务管理用房和供应用房。

第十四条　托育机构的房屋装修、设施设备、装饰材料等，应当符合国家相关安全质量标准和环保标准，并定期进行检查维护。

第十五条 托育机构应当配备符合婴幼儿月龄特点的家具、用具、玩具、图书和游戏材料等，并符合国家相关安全质量标准和环保标准。

第十六条 托育机构应当设有室外活动场地，配备适宜的游戏设施，且有相应的安全防护设施。

在保障安全的前提下，可利用附近的公共场地和设施。

第十七条 托育机构应当设置符合标准要求的安全防护设施设备。

第四章 人员规模

第十八条 托育机构应当根据场地条件，合理确定收托婴幼儿规模，并配置综合管理、保育照护、卫生保健、安全保卫等工作人员。

托育机构负责人负责全面工作，应当具有大专以上学历、有从事儿童保育教育、卫生健康等相关管理工作 3 年以上的经历，且经托育机构负责人岗位培训合格。

保育人员主要负责婴幼儿日常生活照料，安排游戏活动，促进婴幼儿身心健康，养成良好行为习惯。保育人员应当具有婴幼儿照护经验或相关专业背景，受过婴幼儿保育相关培训和心理健康知识培训。

保健人员应当经过妇幼保健机构组织的卫生保健专业知识培训合格。

保安人员应当取得公安机关颁发的《保安员证》，并由获得公安机关《保安服务许可证》的保安公司派驻。

第十九条 托育机构一般设置乳儿班（6~12 个月，10 人以下）、托小班（12~24 个月，15 人以下）、托大班（24~36 个月，20 人以下）三种班型。

18 个月以上的婴幼儿可混合编班，每个班不超过 18 人。

每个班的生活单元应当独立使用。

第二十条 合理配备保育人员，与婴幼儿的比例应当不低于以下标准：乳儿班 1∶3，托小班 1∶5，托大班 1∶7。

第二十一条　按照有关托儿所卫生保健规定配备保健人员、炊事人员。

第二十二条　独立设置的托育机构应当至少有1名保安人员在岗。

第五章　附　　则

第二十三条　各省、自治区、直辖市卫生健康行政部门可根据本标准制订具体实施办法。

第二十四条　本标准自发布之日起施行。

托育机构管理规范（试行）

第一章　总则

第一条　为加强托育机构管理，根据《中华人民共和国未成年人保护法》等法律法规以及《国务院办公厅关于促进3岁以下婴幼儿照护服务发展的指导意见》，制定本规范。

第二条　坚持儿童优先的原则，尊重婴幼儿成长特点和规律，最大限度地保护婴幼儿，确保婴幼儿的安全和健康。

第三条　本规范适用于经有关部门登记、卫生健康部门备案，为3岁以下婴幼儿提供全日托、半日托、计时托、临时托等托育服务的机构。

第二章　备案管理

第四条　托育机构登记后，应当向机构所在地的县级以上卫生健康部门备案，提交评价为“合格”的《托幼机构卫生评价报告》、消防安全检查合格证明、场地证明、工作人员资格证明等材料，填写备案书（见附件1）和承诺书（见附件2）。提供餐饮服务的，应当提交《食品经营许可证》。

第五条　卫生健康部门应当对申请备案的托育机构提供备案回执（见附件3）和托育机构基本条件告知书（见附件4）。

第六条 托育机构变更备案事项的，应当向原备案部门办理变更备案。

第七条 托育机构终止服务的，应当妥善安置收托的婴幼儿和工作人员，并办理备案注销手续。

第八条 卫生健康部门应当将托育服务有关政策规定、托育机构备案要求、托育机构有关信息在官方网站公开，接受社会查询和监督。

第三章 收托管理

第九条 婴幼儿父母或监护人（以下统称婴幼儿监护人）应当主动向托育机构提出入托申请，并提交真实的婴幼儿及其监护人的身份证明材料。

第十条 托育机构应当与婴幼儿监护人签订托育服务协议，明确双方的责任、权利义务、服务项目、收费标准以及争议纠纷处理办法等内容。

第十一条 婴幼儿进入托育机构前，应当完成适龄的预防接种，经医疗卫生机构健康检查合格后方可入托；离开机构3个月以上的，返回时应当重新进行健康检查。

第十二条 托育机构应当建立收托婴幼儿信息管理制度，及时采集、更新，定期向备案部门报送。

第十三条 托育机构应当建立与家长联系的制度，定期召开家长会议，接待来访和咨询，帮助家长了解保育照护内容和方法。

托育机构应当成立家长委员会，事关婴幼儿的重要事项，应当听取家长委员会的意见和建议。

托育机构应当建立家长开放日制度。

第十四条 托育机构应当加强与社区的联系与合作，面向社区宣传科学育儿知识，开展多种形式的服务活动，促进婴幼儿早期发展。

第十五条 托育机构应当建立信息公示制度，定期公示收费项目和标准、保育照护、膳食营养、卫生保健、安全保卫等情况，接受监督。

第四章　保育管理

第十六条　托育机构应当科学合理安排婴幼儿的生活，做好饮食、饮水、喂奶、如厕、盥洗、清洁、睡眠、穿脱衣服、游戏活动等服务。

第十七条　托育机构应当顺应喂养，科学制定食谱，保证婴幼儿膳食平衡。有特殊喂养需求的，婴幼儿监护人应当提供书面说明。

第十八条　托育机构应当保证婴幼儿每日户外活动不少于2小时，寒冷、炎热季节或特殊天气情况下可酌情调整。

第十九条　托育机构应当以游戏为主要活动形式，促进婴幼儿在身体发育、动作、语言、认知、情感与社会性等方面的全面发展。

第二十条　游戏活动应当重视婴幼儿的情感变化，注重与婴幼儿面对面、一对一的交流互动，动静交替，合理搭配多种游戏类型。

第二十一条　托育机构应当提供适宜刺激，丰富婴幼儿的直接经验，支持婴幼儿主动探索、操作体验、互动交流和表达表现，发挥婴幼儿的自主性，保护婴幼儿的好奇心。

第二十二条　托育机构应当建立照护服务日常记录和反馈制度，定期与婴幼儿监护人沟通婴幼儿发展情况。

第五章　健康管理

第二十三条　托育机构应当按照有关托儿所卫生保健规定，完善相关制度，切实做好婴幼儿和工作人员的健康管理，做好室内外环境卫生。

第二十四条　托育机构应当坚持晨午检和全日健康观察，发现婴幼儿身体、精神、行为异常时，应当及时通知婴幼儿监护人。

第二十五条　托育机构发现婴幼儿遭受或疑似遭受家庭暴力的，应当依法及时向公安机关报案。

第二十六条　婴幼儿患病期间应当在医院接受治疗或在家护理。

第二十七条 托育机构应当建立卫生消毒和病儿隔离制度、传染病预防和管理制度，做好疾病预防控制和婴幼儿健康管理工作。

第二十八条 托育机构工作人员上岗前，应当经医疗卫生机构进行健康检查，合格后方可上岗。

托育机构应当组织在岗工作人员每年进行1次健康检查。在岗工作人员患有传染性疾病的，应当立即离岗治疗；治愈后，须持病历和医疗卫生机构出具的健康合格证明，方可返岗工作。

第六章 安全管理

第二十九条 托育机构应当落实安全管理主体责任，建立健全安全防护措施和检查制度，配备必要的安保人员和物防、技防设施。

第三十条 托育机构应当建立完善的婴幼儿接送制度，婴幼儿应当由婴幼儿监护人或其委托的成年人接送。

第三十一条 托育机构应当制订重大自然灾害、传染病、食物中毒、踩踏、火灾、暴力等突发事件的应急预案，定期对工作人员进行安全教育和突发事件应急处理能力培训。

托育机构应当明确专兼职消防安全管理人员及管理职责，加强消防设施维护管理，确保用火用电用气安全。

托育机构工作人员应当掌握急救的基本技能和防范、避险、逃生、自救的基本方法，在紧急情况下必须优先保障婴幼儿的安全。

第三十二条 托育机构应当建立照护服务、安全保卫等监控体系。监控报警系统确保24小时设防，婴幼儿生活和活动区域应当全覆盖。

监控录像资料保存期不少于90日。

第七章 人员管理

第三十三条 托育机构工作人员应当具有完全民事行为能力和良好的职业

道德，热爱婴幼儿，身心健康，无虐待儿童记录，无犯罪记录，并符合国家和地方相关规定要求的资格条件。

第三十四条 托育机构应当建立工作人员岗前培训和定期培训制度，通过集中培训、在线学习等方式，不断提高工作人员的专业能力、职业道德和心理健康水平。

第三十五条 托育机构应当加强工作人员法治教育，增强法治意识。对虐童等行为实行零容忍，一经发现，严格按照有关法律法规和规定，追究有关负责人和责任人的责任。

第三十六条 托育机构应当依法与工作人员签订劳动合同，保障工作人员的合法权益。

第八章 监督管理

第三十七条 托育机构应当加强党组织建设，积极支持工会、共青团、妇联等组织开展活动。

托育机构应当建立工会组织或职工代表大会制度，依法加强民主管理和监督。

第三十八条 托育机构应当制订年度工作计划，每年年底向卫生健康部门报告工作，必要时随时报告。

第三十九条 各级妇幼保健、疾病预防控制、卫生监督等机构应当按照职责加强对托育机构卫生保健工作的业务指导、咨询服务和监督执法。

第四十条 建立托育机构信息公示制度和质量评估制度，实施动态管理，加强社会监督。

第九章 附则

第四十一条 各省、自治区、直辖市卫生健康行政部门可根据本规范制订具体实施办法。

第四十二条 本规范自发布之日起施行。

为深入实施《国务院办公厅关于促进3岁以下婴幼儿照护服务发展的指导意见》，激发社会力量参与积极性，着力增加3岁以下婴幼儿普惠性托育服务的有效供给，2019年10月9日国家发展改革委、国家卫生健康委共同起草形成了《支持社会力量发展普惠托育服务专项行动实施方案（试行）》和《支持社会力量发展普惠托育服务专项行动项目和资金管理办法（试行）》。

支持社会力量发展普惠托育服务专项行动实施方案（试行）

为深入学习贯彻习近平新时代中国特色社会主义思想和党的十九大精神，落实政府工作报告任务要求，深入实施《国务院办公厅关于促进3岁以下婴幼儿照护服务发展的指导意见》，充分发挥中央预算内投资示范带动作用和地方政府引导作用，激发社会力量参与积极性，着力增加3岁以下婴幼儿普惠性托育服务有效供给，拟在全国开展支持社会力量发展普惠托育服务专项行动，制定本方案。

一、总体思路

3岁以下托育服务属于非基本公共服务范围，是地方政府事权，要坚持社会化发展托育服务，围绕“政府引导、多方参与、社会运营、普惠可及”，深入开展城企合作。国家通过中央预算内投资，支持和引导城市政府（包括设区市、自治州和县（市、区）等，下同）系统规划建设托育服务体系。城市政府提供全方位政策支持清单。企业（含企业、事业单位、社会组织等，下同）提供普惠托育服务清单，向社会公开、接受监督。城企双方签订合作协议，扩大普惠性托育服务有效供给，满足家庭多层次、多样化托育服务需求，增强人民群众获得感、幸福感和安全感。

二、基本原则

（一）普惠导向。支持面向社会大众的普惠性托育服务项目，为婴幼儿家庭提供质量有保障、价格可承受、方便可及的托育服务。

（二）自愿参加。鼓励有积极性的城市自愿申报，鼓励信用好、有投资意愿的企业按照给定条件自愿申请，鼓励有资质的金融机构自愿参与。对企事业单位、营利非营利机构、国企民企、内资外资均一视同仁。

（三）竞争择优。优先考虑规划科学、基础扎实、政策力度大的城市；优先支持诚实守信、项目优质、专业能力强的企业；优先选择融资成本低、服务质量好的金融机构。

（四）安全规范。牢固树立安全意识，把婴幼儿安全和健康摆在最为突出的位置，严格执行相关法律法规。明确责任主体，做到建设和运营规范，监管到位，确保项目安全运行。

三、工作目标

建成一批具有带动效应、承担一定指导功能的示范性托育服务机构，社区托育服务骨干网基本完善，普惠性托位数量大幅增加，服务内容不断丰富，服务质量明显提升，对专业人才队伍建设支撑更加有力，对家庭科学养育指导能力持续增强，更多更好惠及婴幼儿家庭。

四、中央预算内投资支持方式及内容

国家通过中央预算内投资，重点支持以下两类托育服务设施建设。一是承担一定指导功能的示范性托育服务机构。示范性托育服务机构具备托育服务功能，设置一定规模的普惠性托位，并提供托育从业人员培训、托育机构管理咨询、家庭养育指导和社区亲子服务等服务。示范性托育服务机构可以选址新建，也可利用早期教育指导中心、妇女儿童活动中心、妇女儿童之家、家庭教育指导服务中心、学前教育机构、计划生育服务机构、月子中心、家政服务公司等资源改扩建（含改建、扩建，下同）。

二是社区托育服务设施。通过新建、改扩建，支持一批嵌入式、分布式、连锁化、专业化的社区托育服务设施建设，提供全日托、半日托、计时托、临时托等多样化的普惠托育服务。支持在新建居住区等配建托育服务设施；支持在老城区和已建成居区新建、改扩建托育服务设施；支持学前教育机构等通过新建、改扩建等方式提供托育服务。鼓励托育服务设施与社区服务中心（站）及社区文化、体育、养老等设施共建共享。

政府机关、企事业单位利用自有土地或设施新建、改扩建托育服务设施，并对社会开放普惠性托位的，也可纳入以上两类支持范围。

五、工作任务

（一）明确参与主体及责任

城市政府负责制定托育服务体系建设规划（方案），研究出台土地、场所、人才培养、财税优惠、包容审慎监管等全方位政策支持清单，提出发展目标并谋划一批普惠性托育服务项目，明确项目类型、规模、投融资方式、服务人群、计划开工时间以及服务要求及监管方式等。

企业负责落实投资、明确建设内容及运营方案，并可通过自营、委托运营等方式提供普惠性托育服务。

城企双方签订合作协议，城市政府参照《地方政府支持政策清单》（附件1），明确政策支持具体内容，并确保优惠政策落实到位。《地方政府支持政策清单》分为必选项和自选项，必选项是城市申报专项行动的必要条件，自选项是专项行动择优遴选试点城市的重要参考依据。自选政策越多、政策含金量越高的城市优先纳入试点范围。

企业要参照《企业责任承诺清单》（附件 2），明确普惠性托育服务具体内容，向社会公开、接受监督。参与企业有义务按照要求向政府有关部门报送进展情况。

（二）明确参与流程

项目申报。有意愿的城市政府向省级发展改革委报送项目，提交政策承诺函。省级发展改革委牵头会同卫生健康委（或省政府明确的行业主管部门）组织审核后，按程序报送国家发展改革委，并抄送国家卫生健康委。建设项目具体要求按《支持社会力量发展普惠托育服务专项行动项目和资金管理办法（试行）》（附件 3）执行。

中央预算内投资适当补助。采用补助的方式，对于承担一定指导功能的示范性托育服务机构、社区托育服务设施，中央预算内投资按每个新增托位给予 1 万元的补助。

资金下达。地方项目采用切块下达的方式，支持已开工或当年拟开工项目，即“×× 省 ×× 年支持社会力量发展普惠托育服务项目”，将中央预算内投资下达到相关省份，由省份在收到下达通知书 20 个工作日内将资金分解到具体项目。

项目管理。城市政府对每个项目都要现场调研、查验，确保项目建设保时、保量、保质、保真，实施过程中的重大问题及时报省级和国家发展改革委、卫生健康委。城市政府需于参加专项行动当年年底前，完成本地区托育服务体系建设规划（方案）编制并报国家发展改革委备案。

（三）支持措施

金融支持。形成金融机构推荐名单并实行动态管理，与国家发展改革委签订备忘录，对参与专项行动的托育机构提供普惠金融服务。

信用评价。引入第三方信用服务机构，依托全国信用信息共享平台、国家企业信用信息公示系统和地方各级信用信息平台，整合公共信用信息和市场信用信息，对托育服务机构开展公共信用综合评价。推动实施托育服务行业守信联合激励和失信联合惩戒，建立托育服务机构及从业人员“黑名单”制度。

试点示范。2020年开展专项行动试点，参与试点城市要依托示范性托育服务机构和社区托育服务设施建设，充分吸引社会力量广泛参与，强化政策支持和服务监管，扩大托育服务有效供给。在试点基础上，遴选支持社会力量发展普惠托育服务重点联系城市，通过现场经验交流、典型案例征集等形式，及时总结推广典型经验和先进做法。

六、附则

本方案自公布之日起实施，根据实际情况适时调整。

为指导托育机构为3岁以下婴幼儿提供科学、规范的照护服务，2021年1月12日，国家卫生健康委组织制定了《托育机构保育指导大纲（试行）》。

国家卫生健康委关于印发托育机构保育指导大纲（试行）的通知

国卫人口发〔2021〕2号

各省、自治区、直辖市及新疆生产建设兵团卫生健康委：

为指导托育机构为3岁以下婴幼儿提供科学、规范的照护服务，按照《国务院办公厅关于促进3岁以下婴幼儿照护服务发展的指导意见》（国办发〔2019〕15号）的要求，我委组织制定了《托育机构保育指导大纲（试行）》（可从国家卫生健康委网站下载）。现予印发，请遵照执行、推动落实。

国家卫生健康委

2021年1月12日

托育机构保育指导大纲（试行）

第一章　总则

为贯彻《国务院办公厅关于促进3岁以下婴幼儿照护服务发展的指导意见》，依据国家卫生健康委《托育机构设置标准（试行）》《托育机构管理规范（试行）》，指导托育机构为3岁以下婴幼儿（以下简称婴幼儿）提供科学、规范的照护服务，促进婴幼儿健康成长，特制定本大纲。

本大纲适用于经有关部门登记、卫生健康部门备案，为婴幼儿提供全日托、半日托等照护服务的托育机构。提供计时托、临时托等照护服务的托育机构可参照执行。

托育机构保育是婴幼儿照护服务的重要组成部分，是生命全周期服务管理的重要内容。通过创设适宜环境，合理安排一日生活和活动，提供生活照料、安全看护、平衡膳食和早期学习机会，促进婴幼儿身体和心理的全面发展。

托育机构保育应遵循以下基本原则。

（1）尊重儿童。坚持儿童优先，保障儿童权利。尊重婴幼儿成长特点和规律，关注个体差异，促进每个婴幼儿全面发展。

（2）安全健康。最大限度地保护婴幼儿的安全和健康，切实做好托育机构的安全防护、营养膳食、疾病防控等工作。

（3）积极回应。提供支持性环境，敏感观察婴幼儿，理解其生理和心理需求，并及时给予积极适宜的回应。

（4）科学规范。按照国家和地方相关标准和规范，合理安排婴幼儿的生活和活动，满足婴幼儿生长发育的需要。

第二章　目标与要求

托育机构保育工作应当遵循婴幼儿发展的年龄特点与个体差异，通过多种途径促进婴幼儿身体发育和心理发展。保育重点应当包括营养与喂养、睡眠、生活与卫生习惯、动作、语言、认知、情感与社会性等。

一、营养与喂养

（一）目标

（1）获取安全、营养的食物，达到正常生长发育水平；

（2）养成良好的饮食行为习惯。

（二）保育要点

1. 7~12 个月

（1）继续母乳喂养，不能继续母乳喂养的婴儿使用配方奶喂养。

（2）及时添加辅食，从富含铁的泥糊状食物开始，遵循由一种到多种、由少到多、由稀到稠、由细到粗的原则。辅食不添加糖、盐等调味品。

（3）每引入新食物要密切观察婴儿是否有皮疹、呕吐、腹泻等不良反应。

（4）注意观察婴儿所发出的饥饿或饱足的信号，并及时、恰当回应，不强迫喂食。

（5）鼓励婴儿尝试自己进食，培养进餐兴趣。

2. 13~24 个月

（1）继续母乳或配方奶喂养，可以引入奶制品作为辅食，每日提供多种类食物。

（2）鼓励和协助幼儿自己进食，关注幼儿以语言、肢体动作等发出进食需求，顺应喂养。

（3）培养幼儿使用水杯喝水的习惯，不提供含糖饮料。

3. 25~36 个月

（1）每日提供多种类食物。

（2）引导幼儿认识和喜爱食物，培养幼儿专注进食习惯、选择多种食物的能力。

（3）鼓励幼儿参与协助分餐、摆放餐具等活动。

（三）指导建议

（1）制定膳食计划和科学食谱，为婴幼儿提供与年龄发育特点相适应的食物，规律进餐，为有特殊饮食需求的婴幼儿提供喂养建议。

（2）为婴幼儿创造安静、轻松、愉快的进餐环境，协助婴幼儿进食，并鼓励婴幼儿表达需求、及时回应，顺应喂养，不强迫进食。

（3）有效控制进餐时间，加强进餐看护，避免发生伤害。

二、睡眠

（一）目标

（1）获得充足睡眠；

（2）养成独自入睡和作息规律的良好睡眠习惯。

（二）保育要点

1. 7~12 个月

（1）识别婴儿困倦的信号，通过常规睡前活动，培养婴儿独自入睡。

（2）帮助婴儿采用仰卧位或侧卧位姿势入睡，脸和头不被遮盖。

（3）注意观察婴儿睡眠状态，减少抱睡、摇睡等安抚行为。

2. 13~24 个月

（1）固定幼儿睡眠和唤醒时间，逐渐建立规律的睡眠模式。

（2）坚持开展睡前活动，确保幼儿进入较安静状态。

（3）培养幼儿独自入睡的习惯。

3. 25~36 个月

（1）规律作息，每日有充足的午睡时间。

（2）引导幼儿自主做好睡眠准备，养成良好的睡眠习惯。

（三）指导建议

（1）为婴幼儿提供良好的睡眠环境和设施，温湿度适宜，白天睡眠不过度遮蔽光线，设立独立床位，保障安全、卫生。

（2）加强睡眠过程巡视与照护，注意观察婴幼儿睡眠时的面色、呼吸、睡姿，避免发生伤害。

（3）关注个体差异及睡眠问题，采取适宜的照护方式。

三、生活与卫生习惯

（一）目标

（1）学习盥洗、如厕、穿脱衣服等生活技能；

（2）逐步养成良好的生活卫生习惯。

（二）保育要点

1. 7~12 个月

（1）及时更换尿布，保持臀部和身体干爽清洁。

（2）生活照护过程中，注重与婴儿互动交流。

（3）识别及回应婴儿哭闹、四肢活动等表达的需求。

2. 13~24 个月

（1）鼓励幼儿及时表达大小便需求，形成一定的排便规律，逐渐学会自己坐便盆。

（2）协助和引导幼儿自己洗手、穿脱衣服等。

（3）引导和帮助幼儿学会咳嗽和打喷嚏的方法。

3. 25~36个月

（1）培养幼儿主动如厕。

（2）引导幼儿餐后漱口，使用肥皂或洗手液正确洗手，认识自己的毛巾并擦手。

（3）鼓励幼儿自己穿脱衣服。

（三）指导建议

（1）保持生活场所的安全卫生，预防异物吸入、烧烫伤、跌落伤、溺水、中毒等伤害发生。

（2）在生活中逐渐养成婴幼儿良好习惯，做好回应性照护，引导其逐步形成规则和安全意识。

（3）注意培养婴幼儿良好的用眼习惯，限制屏幕时间。

（4）注意培养婴幼儿良好的口腔卫生习惯，预防龋齿。

（5）在各生活环节中，做好观察，发现有精神状态不良、烦躁、咳嗽、打喷嚏、呕吐等表现的婴幼儿，要加强看护，必要时及时隔离，并联系家长。

四、动作

（一）目标

（1）掌握基本的大运动技能；

（2）达到良好的精细动作发育水平。

（二）保育要点

1. 7~12个月

（1）鼓励婴儿进行身体活动，尤其是地板上的游戏活动。

（2）鼓励婴儿自主探索从躺位变成坐位，从坐位转为爬行，逐渐到扶站、扶走。

（3）提供适宜的玩具，促进抓、捏、握等精细动作发育。

2. 13~24 个月

（1）鼓励幼儿进行形式多样的身体活动，为幼儿提供参加爬、走、跑、钻、踢、跳等活动的机会。

（2）提供多种类活动材料，促进涂画、拼搭、叠套等精细动作发育。

（3）鼓励幼儿自己喝水、用小勺吃饭、自己翻书等。

3. 25~36 个月

（1）为幼儿提供参加走直线、跑、跨越低矮障碍物、双脚跳、单足站立、原地单脚跳、上下楼梯等活动的机会。

（2）提供多种类活动材料，促进幼儿搭建、绘画、简单手工制作等精细动作发育。

（3）鼓励幼儿自己用水杯喝水、用勺吃饭、协助收纳等。

（三）指导建议

（1）在各个生活环节中，创造丰富的身体活动环境，确保活动环境和材料安全、卫生。

（2）充分利用日光、空气和水等自然条件，进行身体锻炼，保证充足的户外活动时间。

（3）安排类型丰富的活动和游戏，并保证每日有适宜强度、频次的大运动活动。做好运动中的观察及照护，避免发生伤害。

（4）关注患病婴幼儿。处于急慢性疾病恢复期的婴幼儿，及时调整活动强度和时间；发现运动发育迟缓婴幼儿，给予针对性指导，及时转介。

五、语言

（一）目标

（1）对声音和语言感兴趣，学会正确发音。

（2）学会倾听和理解语言，逐步掌握词汇和简单的句子。

（3）学会运用语言进行交流，表达自己的需求。

（4）愿意听故事、看图书，初步发展早期阅读的兴趣和习惯。

（二）保育要点

1. 7~12个月

（1）经常和婴儿说话，引导其对发音产生兴趣，模仿和学习简单的发音。

（2）向婴儿复述生活中常见物品和动作，帮助其逐渐理解简单的词汇。

（3）引导婴儿使用简单的声音、表情、动作、语言表达自己的需求。

（4）为婴儿选择合适的图画书，朗读简单的故事或儿歌。

2. 13~24个月

（1）培养幼儿正确发音，逐步将语言与实物或动作建立联系。

（2）鼓励幼儿模仿和学习使用词语或短句表达自己的需求。

（3）引导幼儿学会倾听并乐意执行简单的语言指令，积极使用语言进行交流。

（4）提供机会让幼儿多读绘本、多听故事、学念儿歌。

3. 25~36个月

（1）指导幼儿正确地运用词语说出简单的句子。

（2）鼓励幼儿用语言表达自己的需求和感受。

（3）创造条件和机会，使幼儿多听、多看、多说、多问、多想，谈论生活中的所见所闻。

（4）培养幼儿阅读的兴趣和能力，学讲故事、学念儿歌。

（三）指导建议

（1）创设丰富和应答的语言环境，提供正确的语言示范，保持与婴幼儿的交流与沟通，引导其倾听、理解和模仿语言。

（2）为不同月龄婴幼儿提供和阅读适合的儿歌、故事和图画书，培养早期阅读兴趣和习惯。

（3）关注语言发展迟缓的婴幼儿，并给予个别指导。

六、认知

（一）目标

（1）充分运用各种感官探索周围环境，有好奇心和探索欲。

（2）逐步发展注意、观察、记忆、思维等认知能力。

（3）学会想办法解决问题，有初步的想象力和创造力。

（二）保育要点

1. 7~12 个月

（1）提供有利于视、听、触摸等材料，激发婴儿的观察兴趣。

（2）鼓励婴儿调动各种感官，感知物体的大小、形状、颜色、材质等。

（3）引导婴儿观察周围的事物，模仿所看到的某些事物的声音和动作。

2. 13~24 个月

（1）引导幼儿运用各种感官探索周围环境，逐步发展注意、记忆、思维等认知能力。

（2）鼓励幼儿辨别生活中常见物体的大小、形状、颜色、软硬、冷热等明显特征。

（3）鼓励幼儿在操作、摆弄、模仿等活动中想办法解决问题。

3. 25~36 个月

（1）引导幼儿运用各种感官反复持续探索周围环境，逐步巩固和加深对周围事物的认识。

（2）启发幼儿观察辨别生活中常见物体的特征和用途，进行简单的分类，并感受生活中的数学。

（3）培养幼儿在感兴趣的事情上能够保持一定的专注力。

（4）通过各种游戏和活动，鼓励幼儿主动思考、积极提问并大胆猜想，激发幼儿的想象力和创造力。

（三）指导建议

（1）创设环境，促进婴幼儿通过视、听、触摸等多种感觉活动与环境充分互动，丰富认识和记忆经验。

（2）保护婴幼儿对周围事物的好奇心和求知欲，耐心回应婴幼儿的问题，鼓励自己寻找答案。

（3）在确保安全健康的前提下，支持和鼓励婴幼儿的主动探索。

七、情感与社会性

（一）目标

（1）有安全感，能够理解和表达情绪。

（2）有初步的自我意识，逐步发展情绪和行为的自我控制。

（3）与成人和同伴积极互动，发展初步的社会交往能力。

（二）保育要点

1. 7~12个月

（1）观察了解不同月龄婴儿的需要，把握其情绪变化，尊重和满足其爱抚、亲近、搂抱等情感需求。

（2）引导婴儿理解和辨别高兴、喜欢、生气等不同情绪。

（3）敏感察觉婴儿情绪变化，理解其情感需求并及时回应。

（4）创设温暖、愉快的情绪氛围，促进婴儿交往的积极性。

2. 13~24个月

（1）引导幼儿用表情、动作、语言等方式表达自己的情绪。

（2）培养幼儿愉快的情绪，及时肯定和鼓励幼儿适宜的态度和行为。

（3）拓展交往范围，引导幼儿认识他人不同的想法和情绪。

（4）引导幼儿理解并遵守简单的规则。

3. 25~36 个月

（1）谈论日常生活中幼儿感兴趣的人和事，引导其通过语言和行为等方式表达情绪情感。

（2）鼓励幼儿进行情绪控制的尝试，指导其学会简单的情绪调节策略。

（3）创设人际交往的机会和条件，使幼儿感受与人交往的愉悦。

（4）帮助幼儿理解和遵守简单的规则，初步学习分享、轮流、等待、协商，尝试解决同伴冲突。

（三）指导建议

（1）观察了解每个婴幼儿独特的沟通方式和情绪表达特点，正确判断其需求，并给予及时、恰当的回应。

（2）与婴幼儿建立信任和稳定的情感联结，使其有安全感。

（3）建立一日生活和活动常规，开展规则游戏，帮助婴幼儿理解和遵守规则，逐步发展规则意识，适应集体生活。

（4）创造机会，支持婴幼儿与同伴和成人的交流互动，体验交往的乐趣。

第三章 组织与实施

托育机构是实施保育的场所，应当提供健康、安全、丰富的生活和活动环境，配置符合婴幼儿月龄特点的家具、用具、玩具、图书、游戏材料和安全防护措施，并根据场地条件合理确定收托规模，配备符合要求的保育人员。

托育机构负责人负责保育的组织与管理，指导、检查和评估保育人员的工作。

托育机构保育人员是保育工作的主要实施者，应当具有良好的职业道德和业务能力，身心健康。负责婴幼儿日常生活照料和活动组织，主动了解和满足婴幼儿不同的发展需求，平等对待每一个婴幼儿，呵护婴幼儿健康成长。

保育工作应当根据婴幼儿身心发展特点和规律，制订科学的保育方案，合理安排婴幼儿饮食、饮水、如厕、盥洗、睡眠、游戏等一日生活和活动，支持婴幼儿主动探索、操作体验、互动交流和表达表现，丰富婴幼儿的直接经验。

托育机构应当建立信息管理、健康管理、疾病防控和安全防护监控制度，制定安全防护、传染病防控等应急预案，切实做好室内外环境卫生，注意防范和避免伤害，确保婴幼儿的安全和健康。

托育机构应当与家庭、社区密切合作，充分整合各方资源支持托育机构保育工作，向家庭、社区宣传科学的育儿理念和方法，提供照护服务和指导服务，帮助家庭增强科学育儿能力。

这些新举措必将有利于推动我国0~3岁婴幼儿早期教育公共服务跨部门合作机制的建立。尽管如此，要建立0~3岁婴幼儿早期教育公共服务跨部门合作机制还面临很多挑战。因为0~3岁是一个极其独特的年龄阶段，是人生的重要生命周期，这个阶段的孩子还很弱小，同时这个阶段孩子的养护、医疗保健和早期教育实际上是分不开的。保教要结合、医教也要结合，这就要求从事相关工作的人员要包括产科大夫、儿科大夫、保健科专业人员、儿童心理学工作者、儿童教育工作者以及相关社会工作者等，一方面要加强合作，另一方面要相互学习，必须具有跨学科的知识才能做好这项工作。更重要的是婴幼儿的照护服务在我国还有一些特殊性，目前对0~3岁儿童的科学研究、多学科地认识它的发展规律还不够，相关基础研究的投入不足，相关的研究人员较少，高度跨学科的工作也很缺乏。以心理学研究为例，在中国这样一个人口大国，专门从事心理学的人原本就不多，而且其中只有非常小比例的人从事0~3岁的心理学研究，这远远不能满足我国0~3岁婴幼儿托育服务的需求。诸如这些挑战，都是我国建立0~3岁婴幼儿早期教育公共服务跨部门合作机制需要面对的。

第六章　研究结论与建议

本书只对我国部分0~3岁婴幼儿早期教育先进和试点地区的经验进行考察，并没有全面考察我国所有0~3岁婴幼儿早期教育先进和试点地区的情况，这样就很难将我国0~3岁婴幼儿早期教育试点地区的成果经验和存在的问题全面反映出来；对国外0~3岁早期教育的考察，仅重点考察了美国0~3岁早期教育公共服务体系创新实践，英国的“早期开端计划”、印度的“幼儿综合性发展计划”、墨西哥的“启蒙教育项目”、牙买加的“入户指导计划”等针对0~3岁婴幼儿提供早期教育公共服务的成功经验也都是非常值得研究和借鉴的。我国幅员辽阔、地区发展不均衡，要真正建立行之有效的跨部门合作机制，为0~3岁婴幼儿及其家庭提供有质量的早期教育公共服务，就必须因地制宜、精准施策。这些都是本书需要改进和完善的地方。

跨部门合作的起因缘于专业化分工所带来的碎片化，但应当明确的是，之所以需要合作，是为了互补，是借对方有而自己没有的资源来达成目标，实现合作双方的“共赢”。[①] 尤金·巴达赫在《跨部门合作——管理“巧匠”的理论与实践》一书中把跨部门合作界定为“两个或者两个以上的机构从事的任何共同活动，通过一起工作而非独立行事来增加公共价值”，其方式包括共同合作调配人力和财力资源，设计良好的组织运作系统并实施有效管理，在追求的主

① 孙迎春．国外政府跨部门合作机制的探索与研究 [J]. 中国行政管理，2010（7）：102-105.

要目标和多种次级目标间的平衡上达成共识并保持共识，创造有效的合作文化或良好的人际关系准则，获取政治家的认可和支持等。[①]他认为跨部门合作事实上解决的是公共行政中组织分工未实现所期待的最优局面的问题，这是一种行为取向和过程取向，而并非结构取向。[②]在公共管理改革中比较受追捧的跨部门合作的典型形式主要有协同政府（joined-up government）、整体政府（whole of government）、跨部门协作（cross-agency collaboration）等，其中，“协同政府”对我国早期托育公共服务改革最具借鉴意义。“协同政府”作为一种跨部门合作形式，其核心目的是通过整合相互独立的各种组织，以实现政府所追求的共同目标。其基本观点是：公共政策目标的实现既不能靠互相隔离的政府部门，也不能靠设立新的“超级部门”，而是围绕特定的政策目标，在不取消部门边界的前提下实行跨部门合作。这种合作是全面的，包括公私部门合作，政府与非政府合作，政府部门之间合作，中央和地方政府之间的合作等。而把具有不同性质、目标、管理模式和动力机制的组织整合起来的关键既不是行政命令，也不是市场竞争，而是信任。[③]这种观点明确了跨部门合作的前提、主体、形式及保障，这也正是解决我国当前0~3岁婴幼儿早期教育公共服务问题应努力的方向。本书试提出如下建议。

---

① 尤金·巴达赫. 跨部门合作——管理“巧匠”的理论与实践[M]，周志忍，张弦，译. 北京：北京大学出版社，2010.

② 陈曦. 跨部门合作机制对我国政府的启示[J]. 学术探索，2015（4）：23-28.

③ 张荣昌，邱国兵. 追求合作治理：政府职能转变的逻辑规则——以宁波市为例[C]// 中国行政管理学会2008年哲学年会论文集，2008.

（一）进一步建立完善 0~3 岁婴幼儿早期教育公共服务政策法规体系，推动婴幼儿早期教育公共服务发展

2019 年 4 月 17 日，国务院办公厅出台了《关于促进 3 岁以下婴幼儿照护服务发展的指导意见》（以下简称《意见》。这是我国发展 0~3 岁婴幼儿早期教育公共服务的新举措，它为我国构建跨部门合作指明了方向，并提出了要求，为各省市制定适合本地的地方性法规提供了依据和指南。我国幅员辽阔，地域发展不平衡。建议各级政府、各部门认真贯彻《意见》，根据本地区的实际情况、本部门的职责要求，制定完善相关政策和管理制度，健全 0~3 岁婴幼儿早期教育公共服务政策法规体系，促进和推动 0~3 岁婴幼儿早期教育公共服务的健康发展。

（二）政府部门分工协作，各司其职，共同构建 0~3 岁婴幼儿早期教育公共服务跨部门合作机制

《意见》出台之后，地方政府陆续出台了各自的促进 3 岁以下婴幼儿照护服务发展的指导意见，中央相关部门按照职责分工也出台了一些政策。这为我国 0~3 岁婴幼儿早期教育发展奠定了基础、指明了方向。但这是一项复杂的民生工程，解决其发展问题绝非易事。虽然下发了文件、制定了政策，但要真正实现还需要多个部门齐心协力，共同努力抓落实、抓完善。政府作为整个教育事业的规划者、管理者，也是最大的受益者，应当作为牵头部门在早期教育公共服务的规划、投入和监管等方面承担相应的职责，建立由政府主导，卫生健康、教育、发展改革、市场监管等部门协调配合的 0~3 岁婴幼儿早期教育公共服务跨部门合作工作体制，为 0~3 岁婴幼儿早期教育公共服务健康发展提供制度保障。例如在试点阶段，上海市为了加强相关领域、部门的合作，各区县教

育局、妇联、卫生局和人口计生委四部门专门联合发文，建立了0~3岁婴幼儿早期托育指导服务联席会议制度，四部门联合挂牌，成立社区0~3岁婴幼儿早期托育指导服务基地。[①] 这这些举措有效地促进了上海0~3岁婴幼儿早期教育的健康快速发展，对其他城市的早期教育发展也有很强的示范作用。

（三）进一步优化监督管理流程，建立完善0~3岁婴幼儿早期教育公共服务标准规范体系

2021年1月12日，国家卫生健康委组织制定了《托育机构保育指导大纲（试行）》，其他一些相关部门也制定了一些标准和规范。但由于我国0~3岁婴幼儿早期教育服务机构的市场准入、从业人员管理、服务质量监管等方面的标准体系尚未健全，这必将影响我国0~3岁婴幼儿早期教育公共服务市场的健康发展。我国应进一步优化监督管理流程，建立完善0~3岁婴幼儿早期教育公共服务标准规范体系，从而保证我国0~3岁婴幼儿早期教育公共服务机构的执照审批、运营管理、收费标准、质量评价以及从业人员准入、管理等都有章可循，相关部门也能对其进行有效监管。建议政府应组织市场监管、教育、卫生健康、早教机构等相关部门和主体，结合我国现阶段的早期托育发展现状，借鉴国外先进经验，围绕早教机构申办条件、审批程序、运营管理、服务形式、质量评估、课程内容设置、早教人员从业资格等展开进一步的研究和探索，尽快完善标准规范体系，使早教机构的设立、运营和管理有章可循。此外，政府还应充分整合利用社区内卫生服务中心、家政服务机构等专业人才资源，并与职业院校做好对接工作，充分调动职业院校的积极性，从而加强早教师资、婴幼儿营养师等专业人才的培养力度。在托育服务机构的规划、投入、管理、评

---

① 张明红，左志宏，冀彩虹．上海市0~3岁婴幼儿早期托育教导服务的实践与思考[J]. 幼儿教育（教育科学），2010（1、2）：81-85.

价等方面逐步建立长效机制，推进0~3岁婴幼儿早期教育公共服务的法律体系建设，使政府部门和社会组织有法可依。①

（四）多渠道筹措投入资金，建立财政资金与社会资金共同参与的投入体制，完善0~3岁婴幼儿早期教育公共服务供给体系

当前，我国0~3岁婴幼儿早期教育服务体系以社会资本为投资主体。各级政府应加大对0~3岁婴幼儿早期教育服务的供给。同时，应制定相应政策吸纳社会资本参与，共同构建适合我国国情的0~3岁婴幼儿早期教育服务体系，更好地为我国0~3岁婴幼儿早期教育服务。2019年10月9日，国家发展改革委、国家卫生健康委共同起草形成了《支持社会力量发展普惠托育服务专项行动实施方案（试行）》和《支持社会力量发展普惠托育服务专项行动项目和资金管理办法（试行）》，有效激发了社会力量参与的积极性，增加了3岁以下婴幼儿普惠性托育服务的有效供给。

（五）加快0~3岁婴幼儿早期教育公共服务师资培养，构建早期教育师资专业发展体系

目前，无论是幼儿园的“托班”还是社会上的其他早教机构，合格师资严重匮乏，问题十分突出，可以说，师资问题是制约我国早期教育健康发展的瓶颈。我国应制定严格规范的0~3岁早期教育专业人才培养标准，加强0~3岁婴幼儿师资队伍建设，吸纳婴幼儿健康、早期保育和早期学习等不同领域的专业人士共同参与，共同构建跨领域专业发展体系，提高婴幼儿早期教育公共服务质量。

---

① 申秋红．托育服务相关政策：国际经验及其启示[N]．中国人口报，2017（7）20.

（六）组建专门的 0~3 岁婴幼儿早期教育公共服务管理机构，切实搭建跨部门合作交流平台

针对我国早期教育资源总量供给不足，各部门教育资源难以整合、信息难以共享的现状，建议由政府牵头并提供经费支持，组建由教育、卫生健康、市场监管等部门和妇联参加的 0~3 岁婴幼儿早期教育公共服务管理机构，切实搭建跨部门合作交流平台，最大限度地整合和优化各部门资源，增强部门之间的合作与早期托育服务的整体化，减少部门之间的壁垒和碎片化服务，为广大家庭提供无缝隙早期托育服务。

首先，组建的 0~3 岁婴幼儿早期教育公共服务管理机构要定期召开成员会议，共同商议 0~3 岁婴幼儿早期托育的重大政策和重大事宜，研究婴幼儿早期托育方面存在的重大问题，发挥多部门早期托育服务之间的协调、统筹、策划、改革等职能，不断提出服务体制改革新举措①；其次，充分利用网络资源，建立早期托育服务信息网，整合各部门和成员单位的早期托育服务信息，通过微信群、手机客户端、微信公众号等多种途径，推送优质早期托育资源，为广大婴幼儿家庭提供最大的服务便利；最后，充分利用 0~3 岁婴幼儿早期教育公共服务管理机构，每年设计一定数量的早期托育跨部门合作服务课题研究项目，并设立专项课题研究经费，推动跨部门合作服务机制的深入进行。

总之，我国 0~3 岁婴幼儿早期教育公共服务还存在很多障碍和困难，应尽快探索我国 0~3 岁婴幼儿早期教育公共服务规范化管理，构建 0~3 岁婴幼儿早期教育公共服务跨部门合作机制，建立健全 0~3 岁婴幼儿早期保育和教育服务体系，完善管理与运行机制，提高服务质量。

---

① 陶希东．跨部门协作：青少年服务跨界整合及政策 [J]. 当代青年研究，2013（2）：52-57.

附录一　美国宾夕法尼亚州学前教育质量评级与改进体系的新举措①

摘　要　质量评级与改进体系是美国各州促进学前教育质量提升的重要举措，然而其在发挥质量提高和改进功能的同时，也出现诸多问题与挑战。为此，宾夕法尼亚州采取了简化质量标准、恢复教师发展支持项目、优化评估程序、提供精准技术指导、增加财政补贴等举措，以吸引更多的幼教机构参与到体系之中，增加高质量幼教机构儿童的数量。宾州的举措代表了美国学前教育质量评级与改进体系发展的动态和趋势，具有一定的借鉴意义。

关键词　学前教育，质量评级与改进体系，宾夕法尼亚州

当前，学前教育已经成为美国联邦、州和地方立法机构优先考虑的重要领域，并且受到两大党派的一致支持。高质量学前教育对于儿童入学准备的重要性不言而喻并已成为共识，其中，以州政府为主体构建和施行质量评级与改进系统（The Quality Rating and Improvement System，简称 QRIS），是美国促进学前教育质量提升的一项重要举措。自 1998 年美国第一个 QRIS 体系在俄克拉荷马州诞生到 2016 年，已有 40 多个州和哥伦比亚特区构建了 QRIS 体系，而

① 本文系全国教育科学“十三五”规划 2016 年度教育部重点课题“0~3 岁早期教育公共服务跨部门合作机制研究”（编号 DHA160 301）的研究成果。

且至少还有 5 个以上的州正在设计和试行这一体系。[①] 然而 QRIS 体系在发挥质量提高和改进功能的同时，也面临一些挑战，出现诸多需要解决的问题。本文旨在通过考察宾夕法尼亚州 QRIS 体系存在的问题和改进举措，了解当前美国学前教育质量改进的最新动态，为我国学前教育质量监测体系的构建提供借鉴。

一、宾夕法尼亚州 QRIS 体系改进的背景与动因

（一）当前 QRIS 体系普遍存在一些问题

美国 QRIS 体系以幼教机构自愿参与的方式进行，通过质量评级、专业支持和财政刺激措施，促进幼教机构提升质量；同时增加幼教机构质量信息的透明度，提高家长的辨别力和选择力。[②] 尽管各州的 QRIS 目标及其相应的设计各不相同，但大多数模式都将儿童的“入学准备”作为期望结果，并设计了达到这一目标的途径。第一，项目的精准扶持。旨在为学前教育机构的质量提升提供资源、技术援助和专业发展支持；第二，学前教育机构质量的评估。主要是以州标准为依据定期对 ECE 机构进行评估、定级和监管。QRIS 质量评级与入学准备路径图示如下。

---

① Holod, A., Weinberg, E. & Howard, E. Moving Up the Ladder: How Do States Deliver Quality Improvement Supports Within Their Quality Rating and Improvement Systems? Washington, DC: American Institutes for Research, Sept.201 5 [EB/OL].http://www.air.org/sites/default/files/downloads/report/Quality-Rating-and-Improvement-Systems-QRIS-Early-Childhood-Sept-2015rev.pdf,2017-11-19.

② 刘昊，王芳，冯晓霞 . 美国学前教育质量评级与促进系统评介 [J]. 比较教育研究，2010 (4)：72-75.

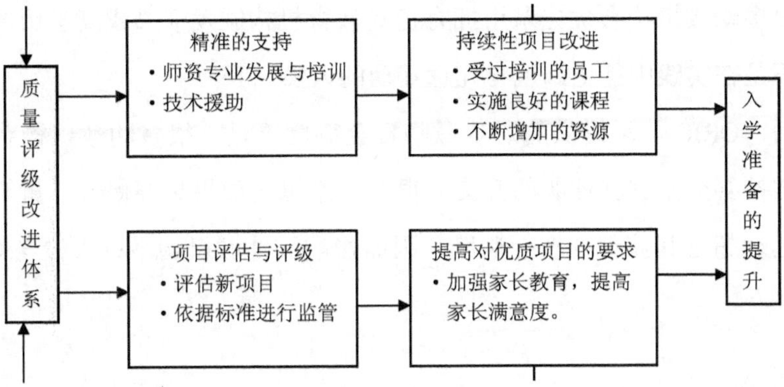

图 1

资料来源：Della Jenkins，Katie Englander. Quality Ratings and Improvement Systems in Early Childhood Education：Promising Approaches for Pennsylvania，July 2016 [EB/OL]. http：//files.eric.ed.gov/fulltext/ED570 122.pdf，2017-09-10.

如图 1 所示，支持与评价作为 QRIS 的两大核心功能，通过支持激励幼教机构在提高儿童的入学准备及更多方面不断改进和完善。此外，QRIS 的质量等级制也能有助于家长成为更知情的“消费者”。一个完善的 QRIS 体系会形成良性循环，成为集儿童学前教育质量评价、支持和改进于一体的“助推器”。

尽管 QRIS 体系发展迅速，越来越多的州采用这种方法提高和激励本州的学前教育机构改进质量，但 QRIS 体系在发挥积极作用的同时也出现了诸如评估标准缺乏灵活性、财政资助金额不足、QRIS 体系本身的有效性及质量要素评估工具的信效度验证等需要解决的问题。

首先，QRIS 质量评级的准确性、有效性遭到质疑。专业人员对评估标准的解释不一致，降低了 QRIS 体系的专业性，影响到包括家长在内的公众对 QRIS 体系的信服度，从一定程度上削弱了 QIRS 体系的权威性。

其次，在员工资质和学历方面，QRIS 评估体系过于强调学历水平或正规的教育经历，对教师专业实践能力的重视度不够。如为了达到 QRIS 更高级别标准，很多幼教机构会优先录用拥有正式教育机构颁发证书或高学历的工作人员，而不是在实践中能更好地与儿童互动的人员。①

最后，QRIS 体系提供的财政激励资金额度不足。很多幼教机构获得的资助只能维持甚至不够其评级的开支。很多幼教机构如果想要提升质量等级，所需费用远远超过其获得的资金奖励，因而影响到幼教机构举办人参与 QRIS 的积极性。

（二）宾夕法尼亚州 KS 体系面临挑战

1. 质量评级与改进体系存在的问题

2002 年，宾州儿童发展和早期学习办公室（Office of Child Development and Early Learning，OCDEL）出台了幼教机构自愿参与的 QRIS 体系“重要星级”（Keystone STARS，KS），用于评估和支持全州的学前教育项目，成为继 1998 年俄克拉何马州首创 QRIS 体系之后，美国又一开发和实施质量评级和改进体系的领先州。宾州的 KS 体系从员工资格证书和专业发展、早期学习、家庭与社区合作、领导力和管理四个领域对参与的幼教机构进行评分，根据参与评估机构在这些领域中所达到的标准，给予从 1 星到 4 星四个质量等级的认定，并提供相应的财政支持和技术协助以促进其质量的改进与提高。

2015 年，宾州第三方评估机构宾州儿童研究中心和教育政策研究联盟对 KS 体系进行了调查，调查发现该体系存在一些问题。

第一，KS 体系的信效度存在一定问题。调查发现在 1 星和 2 星机构的 4 岁儿童发展结果没有差异，在 3 星和 4 星机构儿童的发展结果也没有差异。这

① 孙贺群．理想政策的实践困境：美国早期教育质量评级与提升系统运行中的问题与启示 [J]. 外国教育研究，2017(1)：27-40.

表明最重要的质量晋级出现在教育机构从2星级上升到3星级时。[①] 这说明当前的级别评定需要进一步改进，应制定更适当的标准和要求，使所有的星级水平都更有意义。

第二，质量要素证明材料的提供考虑不充分。理论、实证和实践专家将KS质量体系中的每一个要素与儿童发展结果相联系发现，在体系的10个质量要素中，只有7个可以提供证据材料。因此，应改进相应的评估措施，使证据材料更充分。

第三，质量评级和指导改进的方法偏离目标。总的来说，体系的开发者、体系等级的实施者和幼教机构举办人都表示，体系所提供的资源远离儿童入学准备的目标，分散了注意力。

第四，举办人认为星级之间没有一致性，由此造成了晋级的不顺畅。

总之，体系管理者和保育机构举办人均表示，当前的KS体系中的要求过多，而且很多要求与提高儿童发展结果并没有直接关系。对于体系管理者而言，激励和刺激举办人参与质量改进的过程是一项挑战。因为很多举办人将参与该体系更多地视为一种服从。虽然KS体系的目的是为幼教机构改进质量提供路径，但很多举办人认为星级之间的过渡不连贯，质量等级晋级不顺畅等，这都需要KS体系管理者采取措施，予以改进。

2. 宾州学前教育发展排名落后

宾夕法尼亚州作为美国最早投入公共学前教育（pre-k），并建立质量标准体系的州之一，其学前教育发展一度全国领先。但在当前整个美国重视学前教

---

① Sirinides, P., Barghaus, K., & Fink, R.. An inquiry into Pennsylvania's Keystone STARS. Philadelphia, PA: Consortium for Policy Research in Education,Nov.201 5 [EB/OL]. http://www.cpre.org/sites/default/files/stars_inquiry_report_1.6.16_final.pdf,2017-11-13.

育质量的形势下，该州在提供平等优质的学前教育方面已经有所落后。

据 2015 年美国《教育周刊》（Education Week）发布的学前教育指数（Early Education Index），宾夕法尼亚州学前教育综合得分为 67.1，全国排名 41 位，落后于其邻近的纽约州（73.1 分）、新泽西州（71.9 分）和特拉华州（69.5 分）。前三名分别是哥伦比亚特区、夏威夷和密西西比州，分别为 89.5 分、84.5 分和 83.5 分。此外，宾州虽然是全国最早制定和实施质量评级与改进体系的州，但十几年过去了，幼教机构参与 KS 体系的积极性并不高。截止到 2015 年 12 月，在宾州所有具备资质的幼教机构中，仅有 48% 的机构参与了星级认定。①

面对这一挑战，宾夕法尼亚州发起了全面普及学前教育的倡议，提出大幅度增加儿童学前教育项目的预算。费城市市长更是将学前教育项目作为教育发展的奠基石，呼吁商业团体加大对学前阶段这一“关键加分项”的资金投入，使“费城教育和经济得到长期发展”。②

正是在 QRIS 体系存在问题、KS 体系面临挑战的背景和动因下，宾州儿童发展和早期学习办公室（OCDEL）决定对其进行修订，并就新的质量评价体系的核心原则和质量标准广泛征求了幼教机构举办人和公众反馈意见，寻找问题，对症下药，以更好发挥 KS 体系的作用，吸引更多的幼教机构参与到评估与改进体系之中，从而提升宾州学前教育的质量。

---

① Pennsylvania Early Learning Keys to Quality. Early Childhood Programs: Re-Visioning Keystone STARS, October 2017 [EB/OL]. https://www.pakeys.org/pages/get.aspx?page=Refining_STARS,2017-11-22.

② Della Jenkins, Katie Englander ,quality ratings and improvement systems in early childhood education: promising approaches in Pennsylvania, July 2016[EB/OL]. http://files.eric.ed.gov/fulltext/ED570 122.pdf,2017-11-22.

二、宾夕法尼亚州 KS 体系的新举措

依据 2015 年宾州儿童研究中心和教育政策研究联盟调查结果，由宾州“力争上游—早期学习挑战基金”提供资助，宾州 OCDEL 于 2016 年 2 月启动了对 KS 体系的修订。整个修订过程听取了体系管理者、机构举办人和幼教专家等各利益相关者的意见，以确保新体系的有效性、公平性和多样性。[①] 新体系简化了评估标准和管理程序。学前教育项目在申请改进质量的时候，只需聚焦更少的、基于证明材料的（evidence-based）标准。项目评估的管理和运行过程将更加简化以提高成本效率。评估的过程将减少参评机构的负担，更多地强调项目的提升。2017 年 6 月新的体系标准发布实施，主要举措如下。

（一）制定弹性质量标准

和很多其他的 QRIS 体系一样，宾夕法尼亚州的 KS 体系以儿童学前教育工作人员岗位资质要求“职业框架”为依托，每个星级对每种岗位（如主班教师、配班教师）都有不同的证书或学历要求。但是，KS 体系在对每一个星级水平上的员工资质要求方面灵活性不够。例如，一个小规模的 3 星级托幼中心一旦流失一位拥有证书的助教，就有可能使其下降到 3 星级门槛值的 75% 以下，进而下降一个星级。尤其在美国学前教育师资高流失率的背景下，这个问题尤为突出。

---

① Pennsylvania’s Keystone STARS Revisioning Process: A Process Evaluation ,October 2017[EB/OL]. https://www.pakeys.org/uploadedContent/Docs/STARS/Revisioning/STARS%20Revisioning%20%20Evaluation%20Oct%202 017.pdf,2017-11-19.

新体系星级标准及其评估更加简化，更易于理解。允许机构正在获取证书或学历的机构负责人和员工，无论是具备星级规定要求的学历，还是已经计划在五年之内达到要求的，都会被认定合格。以降低员工流动造成的机构星级标准下降。此项政策也将提高幼教机构员工进修专业课程、获取学历的积极性。①

（二）恢复对教师专业发展的支持

支持教师专业发展是QRIS体系的质量要素之一，主要为参与评估的幼教机构教师员工进修专业课程提供学费支持。当前，美国24个州和哥伦比亚特区都通过实施"教师教育与补偿项目"（Teacher Education and Compensation Program，TEACH）为幼儿教师提供专业学习的奖学金。TEACH计划是一种在全国推广的幼儿教师支持计划，旨在利用和推动公共和私人资源，对每学年出色完成任务的儿童学前教育教师，通过加薪或奖励的方式提供财政支持。②宾州的TEACH计划曾经成绩卓著，但2011年由于财政预算的减少而被取消。现在宾州寻求提高学前教育机构的质量，开始更多地加大教师专业发展的学费支持，恢复TEACH计划的奖励举措，创造更加有活力的教师专业发展机制。

（三）增加对过程性质量的评估

学前教育质量包括结构性质量和过程性质量。包括师幼互动和教学指导在

---

① Department of Early Education and Care. Massachusetts QRIS Standards. Boston, MA: Executive Office of Education,2014. [EB/OL]. http://www.mass.gov/edu/birth-grade-12/early-education-and-care/qris/massachusetts-qris-standards.html,2017-11-24.

② T.E.A.C.H. Early Childhood National Center. Strategic Opportunities: Exploring Multivariate Pathways to a Diverse, Well-Compensated and Professional Early Childhood Workforce. Chapel Hill, NC: T.E.A.C.H. Early Childhood National Center ,2015[EB/OL]. http://teachecnationalcenter.org/wp-content/uploads/2015/11/TEACH_Annual_eReport_2015.pdf,2017-11-24.

内的过程性质量是最重要也是最难测量的部分。当前美国大多数 QRIS 体系尝试使用基于课堂观察的项目评估工具和环境评量表进行教学质量评估。这些工具和量表能够从不同的维度，主要是班级互动质量、空间安排和活动范围等方面进行评量。当前宾州的 KS 体系仅仅运用幼儿学习环境评量表（Early Childhood Environment Rating Scale-Revised，ECERS-R）作为评价教学质量和师幼互动的主要工具。测评得分与学前教育项目的星级标准密切相连，如 3 星级和 4 星级的项目必须通过环境评量表中的每一个特定门槛值，2 星级的项目任何一个变量的得分若低于 3.0，必须制定提升计划。

研究表明，运用 ECERS-R 测量的学前教育质量和语言与数学发展在统计学意义上具有显著的相关性。[①] 然而，ECERS-R 是对幼儿学习环境要素的测评，而幼儿教育项目的整体得分仅包括结构性质量，如教室空间与设施的得分，并不包括师幼互动与教学质量的得分。因此，研究者开始质疑将 ECERS-R 作为教学质量唯一测评工具的做法。为弥补这一不足，新体系将使用幼儿园课堂评分系统（Classroom Assessment Scoring System，CLASS）专门测量师幼互动质量，并进一步开展质量测评工具有效性的研究。

（四）提供有针对性的技术协助

近年来，美国越来越重视幼儿教师专业发展，在幼儿教育政策和 QRIS 的推动下，技术协助（technical assistance）作为幼儿教师专业发展策略得到广泛实施。技术协助主要形式有同伴指导、专家指导及提供咨询。美国各州对幼儿教育项目提供技术支持的形式、频率和时长各不相同。有些州将提供全面的技术协助作为 QRIS 体系的一部分内容，有的则根据幼教机构的需要提供不同程

① Keys, T.D., Ruzek, E.A. & Howes, C.. Preschool center quality and school readiness: Quality effects and variation by demographic and child characteristics[J]. Child Development, 2013(04), 1171-1190.

度的支持。宾州为所有参与到 KS 体系的项目提供回应性的技术支持，即所有机构在参与到 KS 体系中的时候，必须达到特定的质量标准才能获得技术支持。通过这种一对一的技术援助，幼教机构可以有目的地制定质量提升行动计划，有针对性地改进项目的质量。2011 年，宾州星级质量提升率分析报告显示，得到技术协助的幼教机构提升星级的可能性是没有得到技术协助项目的两倍。① 因此，宾州将加大技术援助资金投入，实现对所有 1 星级和 2 星级机构技术援助的全覆盖，促进其达到更高的质量等级。修订后的技术协助和指导过程将加强基于需求的个别化的、有针对性的技术协助和指导，通过数据评估效率，减少无效的环节和程序。

（五）提高财政补贴额度

美国 95% 的 QRIS 体系都为参与的项目提供不同形式的财政激励政策，包括分层补助补偿；基于质量的奖金、拨款或奖励；基于质量的税收抵免；教师学习奖学金或补助。这些额外的资源不仅可以推动更多的项目参与 QRIS 体系，也有助于促进质量的提升。各州实施质量改进奖励的额度各不相同。2015—2016 财政年度，宾州发给 4 星级幼教机构的奖金高达 49 250 美元，和俄亥俄州一起成为美国 QRIS 体系奖励最高的州。②

尽管宾州的财政奖励力度全国领先，但这并非是每个幼教机构都能享有的权益。幼教机构举办人须每年进行申请，但得到的机会有限，因为 KS 体系提

① PA Office of Child Development and Early Learning (2013). Research Brief: Volume 2, Issue 2 [EB/OL]. http://qrisnetwork.org/sites/all/files/session/resources/OCDEL%20Research%20Brief%20February%202 013%20Volume%202%20Issue%202.pdf,2017-12-17.

② Mitchell, A.. Financial Incentives in Quality Rating and Improvement Systems: Approaches and Effects, April 2012 [EB/OL]. http://www.qrisnetwork.org/sites/all/files/resources/gscobb/2012-05-24%2015:13/Approaches%20to%20Financial%20Incentives%20 in%20QRIS.pdf,2017-08-10.

供的财政资金并不能覆盖每一个有资格得到奖励的机构，致使举办人并不能将奖金纳入下一年的预算开支。不仅如此，尽管举办人有机会得到星级奖金和补助，但往往无法支付更高质量等级所需的额外成本，因此陷入一种两难境地，即无论是幼儿家庭交的保育费用还是州财政的低收入家庭儿童保育补贴，都不能承担机构保育费用的真正成本，更不用说再投入更多去承担更高质量等级的基础设施建设，或晋级后增加员工薪水了。

面对这些问题，新的 KS 体系将提高补助额度，使其能和幼教机构的保育开支成本相一致。同时，还将减少参与星级评比幼教机构的工作量，并最大化地发挥星级补贴资金的作用。此外，参照其他州的做法，新体系将为申请 4 星级的幼教机构提前发放财政补助，并且在达到 4 星级后再发放一笔一次性奖励。

三、结语及启示

提供公平、优质、多样的学前教育是当前世界学前教育发展的重要趋势。美国宾夕法尼亚州新修订的 KS 体系确立了“全纳、多样、平等、尊重”的价值观，并在广泛征求了儿童学前教育专家、KS 体系制定者、KS 体系实施者和幼教机构举办人的意见之后，确立了三项核心原则：第一，完整的儿童教育必须满足每一个儿童和家庭的普遍和个别需要；第二，博学而回应型的师资对于儿童发展和家庭支持不可或缺；第三，在儿童、家庭、学前教育专业人员和社区利益相关者之间建立并保持持续的积极关系。新体系旨在达到四个主要目标：改进儿童早期教育质量、支持托幼机构达到质量改进的目标、对持续改进质量并达到更高质量标准的机构进行认定、为幼儿家庭选择具备一定质量标准的托幼机构提供指导。[①] KS 体系新的价值观、三项核心原则、四个主要目标的确立，以及新的质量标准的实施，必将提高宾州幼教机构参与的积极性，扩大体系的参与率，从而为宾州儿童学前教育质量的评估与改进发挥积极作用。

在我国，为提升和保障幼儿园的教育质量，国家和地方各级教育行政部门也出台了各项政策、制度来规范幼儿园的办园理念和行为，各级教育管理部门通过各种评级评类、验收示范园的方法来鼓励办园者改善办园条件、加强师资队伍建设、提高教育和管理的水平。从 20 世纪 90 年代开始，很多省、市相继出台了幼儿园评估标准，对幼儿园进行等级评估成为各省市对幼儿园进行行政和业务管理的重要手段。自 2003 年《关于幼儿教育改革与发展的指导意见》颁布之后，幼儿园等级评估更成为各省市落实文件精神的重要抓手，一些省市开始出台或修订评估标准。如何构建学前教育质量评价指标、如何建立学前教育质量监测体系，成为学前教育领域关注的热点话题。

2010 年国务院《关于当前发展学前教育的若干意见》指出，要“建立幼儿园保教质量评估监管体系”，保障适龄儿童接受基本的、有质量的学前教育。然而，当前我国学前教育质量监控工作依旧处于不断探索与尝试阶段，亟待提高和完善。首先，虽然我国幼儿园等级评价制度已推行多年，但各个省市缺乏针对幼儿园等级评定标准、评级工具的有效性验证；此外，我国学前质量监控体系的要素不健全，已有要素之间没有系统化，各要素之间缺乏沟通、协调与信息共享。[②] 这些问题和美国 QRIS 发展和实施过程中出现的问题有相似之处。宾夕法尼亚州修订学前教育质量评级与改进体系的新举措，可以为我国各地制

---

① Keystone STARS Program Performance Standards, June 2017 [EB/OL].https://www.pakeys.org/uploaded-Content/Docs/STARS/Revisioning/Keystone%20STARS%20Performance%20Standards%20-%2006.21.201 7-%20 v43.pdf,2017-10-16.

② 刘昆，郭力平，钟晨焰 . 美国学前教育质量评级与提升系统：实施现状及面临的挑战 [J]. 外国教育研究，2016(05)：110-128.

定和修订幼儿园评估措施，有效实施学前教育质量监测提供一定的启示。

（此文发表于《教育评论》2018 年第 3 期）

附录二　美国儿童早期教育体系中家长参与的举措及启示——以俄勒冈州为例①

摘　要　家长参与是美国0~8岁儿童早期教育体系的重要构成部分。在联邦政府的引导下，各州在家长参与上加大投入，因地制宜实施了本地区的儿童早期教育体系中的家长参与措施。俄勒冈州采取重建早期教育体系确保家庭参与、采取评估措施促进家庭参与、利用慈善活动加强家庭参与、发挥社区作用推动家庭参与等举措，取得较好的成果，成为美国州政府重视家长参与儿童早期教育体系的典范。这些举措可以从政策制定、管理机制、财政投入和参与途径等方面为我国家长参与儿童早期教育提供启示。

关键词　儿童早期教育体系，家长参与，美国

在当今美国，家长参与（family involvement）被认为是儿童早期教育成功的重要因素。近二十年来，家长参与在促进儿童的社会情感发展、提高入学准备方面发挥的重要作用得到美国政府、研究者和教育实践者的广泛认可，家长参与逐渐成为美国0~8岁儿童早期教育体系中不可或缺的一部分。联邦政府通过立法明确了家长参与儿童早期教育的权利，很多州都制定了针对家长参与的

---

① 基金项目：全国教育科学“十三五”规划2016年度教育部重点课题“0~3岁早期教育公共服务跨部门合作机制研究”（DHA160 301）

政策，吸引家庭作为合作伙伴，共同促进儿童的发展。到2010年1月，美国已经有39个州及哥伦比亚特区制定了家长参与的政策，实施了以家长参与为重要内容的教育行动，家长参与被誉为美国教育体系中一项“从摇篮到职业”的行动。[①]当前，我国儿童早期教育中的家长参与在政策规定、管理机制、财政投入和参与途径等方面均存在一定问题，本文旨在以俄勒冈州为例，考察美国儿童早期教育体系中家长参与的举措，以期对我国家长参与儿童早期教育的政策及实践提供借鉴。

一、美国儿童早期教育体系中家长参与的内涵及意义

美国的儿童早期教育体系是指由儿童保育机构、开端计划、早期开端计划、早期干预项目、学前教育项目以及从幼儿园到三年级的初等教育共同构成的教育体系。为促使家庭成为儿童发展、学习和幸福的重要伙伴，2013年，美国卫生与公共服务部（Department of Health & Human Services）、美国教育部（Department of Education）对各州和学区家长参与的途径、目标、内容等进行了规定。2016年5月，该两大政府部门联合出台的《家长参与早期教育政策声明》指出，“家长参与”指家长作为合作伙伴，系统地参与儿童的发展、学习和快乐成长的一系列活动和项目，以及参与对这些活动、项目和体系的规划、发展与评估。这里的“家长”包括父母、祖父母、监护人和成人兄弟姐妹在内的所有成员；“参与”是指在家长和儿童学习机构的工作人员之间构建一

① Matt Weyer. Engaging Families in Education, June 2015[EB / OL]. [2017-02-10].http://www.hfrp.org/var/hfrp/storage/fckeditor/File/ENGAGING%20FAMILIES%20IN%20EDUCATION--NCSL-Weyer.pdf.

种积极的关系，家长参与的目标是支持家庭幸福和儿童的学习与发展。①

家长参与儿童早期教育在美国有悠久的历史。如，著名的“开端计划”（the Head Start Act）从1965年实施伊始，就将家长参与纳入项目管理之中，包括开展家长参与课堂活动、教师家访活动和家长教育活动等。②近年来，家长参与儿童教育更是得到联邦政府的高度重视。美国卫生与公共服务部出台的《早期开端家庭、社区参与框架》（Head Start Parent，Family，and Community Engagement Framework），美国教育部出台的《家校合作伙伴关系双重能力构建框架》（the Dual Capacity Building Framework for Family-School Partnerships），都专门针对0~8岁儿童早期教育体系中的家长参与进行了明确规定和政策建议。美国《2013年家长参与教育法案》从法律层面对政府在家长参与教育方面的职责和财政投入方面做出了明确的规定：总体上，每州每个财政年度的教育主管部门要保留不少于0.3%、不超过1%的教育资金用于家长参与。这些资金用于建设至少一个面向全州的家长参与中心，为各地的教育管理部门、组织提供培训、技术援助，为家校合作伙伴关系和其他能够执行家长参与项目的组织提供支持。③

家长参与是美国儿童早期教育体系不可或缺的一部分。多项研究结果与教育实践证明，家长参与教育活动是一项重要的干预策略，可以使教育投入得到最大回报。家庭具有直接或间接影响儿童学习与成长的多种决定性因素，家长参与对儿童学习与成长的引导和帮助，对儿童认知、语言、情感、行为、态

---

① Policy Statement on Family Engagement: From the Early Years to the Early Grades, May 5,2016[EB / OL].[2017-02-26]. https://www2.ed.gov/about/inits/ed/earlylearning/files/policy-statement-on-family-engagement.pdf.

② HHS. Head Start Parent, Family, and Community Engagement Framework, from Prenatal to Age 8[EB / OL].[2017-04-08].https://eclkc.ohs.acf.hhs.gov/sites/default/files/docs/policy-im/pfce-framework.pdf

③ Family Engagement in Education Act of 2013[EB / OL].[2017-04-08].https://www.govtrack.us/congress/bills/113/s1291/text.

度、社会交往和人格等许多方面的发展都会产生深刻而长远的影响。[①]哈佛大学家长参与研究中心对于近100个家庭的家长参与调查显示，如果对不同背景的家长给予指导，可以提高子女在家中和学校的学习积极性；家长参与越多，幼儿在学习和社会性方面的表现就会越好。[②]就国际儿童早期教育发展趋势而言，家长参与儿童早期教育已经成为促进儿童健康发展和学业成功的重要政策杠杆。[③]

二、俄勒冈州促进家长参与儿童早期教育的实践举措

俄勒冈州位于美国西海岸，全州30万儿童中，有一半家庭的儿童生活在联邦贫困线收入以下。[④]为了让儿童受到良好的教育，俄勒冈州采取了一系列行之有效的措施，构建合理的教育机制，促进家长参与到儿童早期教育之中。

1. 重建确保家长参与的早期教育体系

2013年，在联邦政府重视家长参与的背景下，俄勒冈州积极改革原有儿童早期教育体系，将家长参与纳入重点投入领域，通过整合来自不同机构的项目重建本州的早期教育体系，确保家长参与的实现。

---

① Goe, L., Bell, C., & Little, O. (2008). Approaches to Evaluating Teacher Effectiveness: A Research Synthesis. Washington DC: National Comprehensive Center for Teacher Quality.

② Understanding Family Engagement Outcomes: Research to Practice Series[EB / OL].[2017-04-08].http://eclkc.ohs.acf.hhs.gov/hslc/tta-system/family/docs/rtp-family-connections.pdf.

③ 王伟，李辉辉，李静．OECD国家促进家长参与早期教育的策略及其启示[J]. 学前教育研究,2015(3):38-43.

④ Anairis Hinojosa and M. Elena Lopez. Putting an Equity Lens on Family Engagement in Oregon, October 29, 2015[EB / OL].[2017-02-08]. http://www.hfrp.org/publications-resources/browse-our-publications/putting-an-equity-lens-on-family-engagement-in-oregon.

新的早期教育体系组织架构包括早期学习委员会、早期学习司、儿童保育办公室和早期学习中心四个部门。早期学习委员会由18名来自政府、卫生保健、研究、教育、慈善和社会服务领域的成员组成，负责监管早期教育体系，为州早期教育方案制定政策和计划;[①]早期学习司负责早期教育项目的启动和运行，包括“俄勒冈健康家庭”（Healthy Families Oregon）和“救助托儿所”（Relief Nursery）等多个项目，支持入学准备和服务幼儿家庭。2012—2013财政年度，全州有3709个家庭通过“俄勒冈健康家庭”项目获得服务；儿童保育办公室负责从业人员资质和儿童保育项目的监管，同时还通过质量评价与改进体系（Quality Rating and Improvement System，QRIS）对早期教育质量的提升进行指导;[②]早期学习中心则负责与所有的儿童和家庭服务项目合作，且具有清晰的目标和应达成的结果。由于该中心在决策上具有足够的灵活性，因而能最大化满足每一个社区的需求。

俄勒冈州早期教育体系的重建将公平至于首位和中心，确保新的儿童早期教育体系真正服务和满足所有儿童和家庭的需求，尤其是那些之前没有得到公共教育和健康保育体系服务的儿童和家庭。这一新的早期教育体系组织架构使得各部门及其合作伙伴都能协同工作，并实现共同的目标，也使家长参与有了组织保障。

2. 采取评估措施促进家长参与

俄勒冈州利用联邦政府实施“力争上游——早期学习挑战”（Race to the Top-Early Learning Challenge，RTT-ELC）的机会，大力改革早期教育体系。2011年，早期学习委员会出台了州基金申请书，该申请书又被视为蓝皮书。虽

① Early Learning Council[EB / OL].[2017-04-08]. https://oregonearlylearning.com/early-learning-council/.

② Early Learning Division[EB / OL]. [2016-12-26].http://www.oregon.gov/OCC/Pages/about_us.aspx.

然该州第一次申请没有得到奖励，但他们在蓝皮书中将加大投入作为重点目标。经过努力，2012 年俄勒冈州获得 3000 多万美元奖励资金，成为获得 RTT-ELC 第二阶段奖励基金的州。俄勒冈州利用这笔奖励拨款制定了本州的分层 QRIS 体系，并通过实施 QRIS 家庭合作伙伴标准将家长参与的目标变成现实。

俄勒冈州的 QRIS 早期学习项目评估从五个方面进行，家长参与是其中一项重要内容。① 家长参与领域共有四级标准。一级：运用家庭输入和反馈指导项目的设计和政策决策；二级：通过与家庭的相互尊重，双向交流满足个别需求；三级：鼓励家庭定期和不定期经常参与；四级：为家庭提供支持和信息，帮助家庭满足子女的需求和目标。总体而言，家长参与领域的评估重点在于早期教育项目如何为家庭创造和该项目进行互动与交流的机会。俄勒冈州家长参与领域的四个等级标准表述了家长参与实践的具体形式。为持续关注质量改进，俄勒冈州还利用 QRIS 年度家庭问卷收集家长的反馈意见。这些问卷结果能够为家校合作伙伴关系提供指导，以评价该项目在家长参与实践方面的质量。② 实践表明，评估措施达到了很好的效果，全州 QRIS 项目共覆盖 35 690 名儿童。俄勒冈州通过评估手段构建了家长平等参与的基础，促进了家长参与，从而使“家长参与”成为衡量早期教育机构质量的基本指标之一，也使得合作与公平的家长参与实践成为一种惯例。

3. 利用慈善活动加强家长参与

利用慈善活动加强家长参与是俄勒冈州促进家长参与儿童早期教育的又一举措。俄勒冈州利用慈善资金投入家长教育项目已有十年历史。在为俄勒冈州

---

① Oregon’s QRIS Standards for Center-Based Child Care Programs[EB / OL].[2017-05-13]. http://teachingresearchinstitute.org/library/page/165?site=qris.

② State of Oregon (2012). Oregon Race to the Top Early Learning Challenge Phase II Application[EB / OL].[2016-10-17].

社区的家长教育项目提供了几年资助之后，为使项目得以持续进行，慈善组织领导者还决定自行投资建设家长教育的管理组织，这就是 2010 年成立的由俄勒冈社区基金和福特家庭基金发起的俄勒冈家长教育协会（Parenting Education Collaborative）。该协会的家长中心（Parenting Hubs）能够为社区所有的家长和家庭提供家长工作坊、家庭课堂和家访服务，从而为家长参与创造了条件。

俄勒冈州的早期学习司与慈善机构建立了稳固的关系，尤其是成立早期学习中心的创意，就是直接来源于慈善者发起的家长中心。慈善人士也和各地的早期学习中心分享物资、材料、策略和经验，定期和早期学习司的工作人员讨论会面，共同为社区家长参与创造良好条件，进一步提高了儿童早期教育体系中家长参与的质量。

4. 发挥社区作用推动家长参与

因为每一个社区都有不同特点，俄勒冈州利用当地社区领导者的影响力更好地为儿童和家庭提供支持，充分利用早期学习中心协调和推动多部门之间的合作，推动更多的家长参与到儿童早期教育中来。早期学习中心立足社区，与区域内的 k-12 体系学校、卫生、人力、早期教育和商业部门进行合作，调动社区内的多种资源为儿童和家庭服务。全州 16 个学习中心拥有共同的目标，并采取多种方式确保早期教育体系中项目能够协调一致，使家长参与体现在每一个目标中。

首先，吸纳儿童家长参与中心管理。以家庭为中心是俄勒冈州构建早期教育体系决策的关键。家长可以通过多种方式参与中心管理，要么成为中心管理委员会正式代表，要么成为顾问委员会成员，也可以参与中心组织的小组讨论，咖啡聚会等。在全州教育公平视角引导下，中心极大地增加了儿童和家庭获得服务的机会。

其次，开展面向家庭的儿童入学准备项目。为实施和扩大面向家庭的儿童早期读写和入学准备的项目，俄勒冈州早期学习委员会向各中心投入了5万至10万美元不等的早期读写拨款，各中心充分利用这些资金开办了面向本社区的家长参与项目。例如，有的早期学习中心和本县的医疗补助基金共同为享受医疗补助家庭的儿童开设了阅读项目；有的学习中心依托小学实施了“夏季开放图书馆”活动，鼓励家长和子女到图书馆阅读故事书，或者把图书带回家；还有的图书馆专门为西班牙裔家庭提供了西班牙语图书。

为了实现这些目标，俄勒冈州通过提供持续的培训和技术援助为各学习中心创造协同工作的平台，早期学习领导者研究中心设计了专门的课程和实施计划，帮助各学习中心的管理者从整体上提高实施早期教育体系的能力，各早期学习中心也开展了持续不断的、真正的协作，更好地促进了儿童早期教育体系中家长参与。

三、美国儿童早期教育体系中家长参与举措对我国的启示

1. 制定政策法规，为家长参与提供指南

自二十世纪六十年代至今，美国联邦政府很多涉及早期教育体系的法律都对家长参与进行了专门规定，加强对家长参与儿童早期教育体系的管理。此外，美国卫生与公共服务部、教育部都出台了家长参与框架，成为当前各州、学区和早期教育机构实施家长参与的行动指南。俄勒冈州也正是在联邦政府的大力推动下，加大了对家长参与的重视和实施力度。我国现有的学前教育法规

对家长参与儿童教育的政策支持和法律保障十分薄弱，只有零散的关于家长参与的条文散见于个别法规之中。家长参与幼儿教育的权利缺乏法律保障，家庭权利处于幼儿教育的边缘位置，家庭关于幼儿教育及有关事务的知情权和决策权缺失。① 因此，我国应尽快制定相关的政策法规，为家长参与儿童早期教育提供政策指导和实施路径。

2. 设立专门机构，构建家长参与管理机制

为加强对家长参与儿童早期教育的管理，美国健康与卫生服务部开端计划办公室专门设立了“全美家长、家庭和社区参与中心”。② 俄勒冈州通过改革和重组州政府儿童早期教育管理机构的方式予以加强，成立专门指导和监督家长参与的部门，对家长参与早期教育体系进行管理。相比之下，我国家长参与儿童早期教育缺乏专门管理机构，家长参与的形式与内容都无法得到实施和保障。建议政府设立专门机构，加强对家长参与早期教育体系的管理，构建家长参与早期教育的管理机制，使家长参与儿童教育成为促进儿童健康发展和学习提升的重要保障。

3. 增加资金投入，奠定家长参与物质基础

2015 年美国国会发布的《家长参与教育》的报告显示，全国 20 个州规定幼儿园之前的教育内容必须包括家长参与的内容，另外有 15 个州也大力支持家长参与早期教育，9 个州的家长参与的项目得到联邦政府的资助。俄勒冈州一方面通过 RTT-ELC 等联邦资金加大对家长参与的投入，另一方面利用本地

① 刘小蕊，庞丽娟，沙莉．尊重家长权利，促进家长参与——来自美国学前教育法的启示 [J]. 学前教育研究，2008(3):3-8.

② National Center on Parent, Family, and Community Engagement,Family Engagement and School Readiness[EB / OL].[2017-05-12]. https://eclkc.ohs.acf.hhs.gov/hslc/tta-system/family/docs/schoolreadiness-pfce-rtp.pdf.

财政资金和社会善款加强基础设施建设，为家长参与创造场所和物质条件。而我国政府部门和教育机构很少为家长参与儿童早期教育提供资金支持。因此，政府要通过各种途径增加家长参与的投入，为家长参与儿童早期教育提供人力、资金和场所等方面的支持。

4. 积极采取措施，多途径提供家长参与专业指导

美国的家长参与形式丰富多样，来自不同专业领域的专家和专业人员通过各种形式为家长提供培训和指导。俄勒冈州 80% 的县都设立了家长参与中心，开展了丰富的家长教育项目，为家长参与儿童早期教育提供了平台。我国的家长参与始终停留在儿童教育实践的外围，形式大于内容。因此，为吸引家长深入、有效地参与儿童早期教育，我国各级政府、教育部门、托幼机构、社会团体应协同为家长参与提供支持，帮助家庭营造高质量的家庭学习环境，通过儿童早期教育领域的专家为家长参与提供多种资源与服务，开展各种公益性的讲座、报告和宣传，提供简易、操作性强的活动方案和相关材料，为家长参与儿童早期教育提供指导，使家长真正参与到儿童的早期教育之中。

（此文发表于《教育探索》，2017 年第 6 期；被人大复印报刊资料《幼儿教育导读（教师教学版）》2018 年第 4 期全文转载）

附录三　美国0~3岁早期教育公共服务的创新及启示①

摘　要　二十世纪九十年代以来，美国联邦政府针对0~3岁婴幼儿早期教育实施了若干重大服务项目，并取得了一定的成效。但是，由于这些项目产生于特定的历史时期和社会背景，相互之间未能形成有机整体，婴幼儿早期教育公共服务面临各自为政、资金不足等问题。近年来，在联邦政府激励下，美国一些州积极改进创新，在完善管理机制、拓展资金渠道、改进质量评价、构建跨领域师资体系方面做出了探索，早期教育公共服务逐步实现从分散到整合的创新。

关键词　美国，0~3岁婴幼儿，早期教育，公共服务

一、0~3岁早期教育公共服务的问题与挑战

0~3岁早期教育公共服务是由政府主导实施，为0~3岁婴幼儿及其家庭提供的早期保育和教育服务。0~3岁婴幼儿教育是人生最早接受的教育，为这一

① 本文系全国教育科学“十三五”规划2016年度教育部重点课题“0~3岁早期教育公共服务跨部门合作机制研究”（DHA160 301）的研究成果。

阶段的婴幼儿提供高质量的公共服务，已经成为很多国家优先发展与投入的领域。长期以来，美国联邦政府在推动提高 0~3 岁婴幼儿公共服务质量方面实施了一些重大项目，但由于这些项目隶属于不同部门，其服务对象、服务内容、资金来源也各不相同，相互之间未能形成有机整体。这种割裂分散的管理模式打破了婴幼儿公共服务的整体性，极大地影响了服务功能的发挥，也是促使美国各州积极改进和创新服务体系的动因。

（一）项目归属部门不同，相互之间缺乏协调

联邦政府 0~3 岁婴幼儿服务的重大项目主要来源于美国卫生与公共服务部、教育部和农业部三大部门。其中卫生与公共服务部的“早期开端计划”（Early Head Start，EHS）是专门为处境不利的 0~3 岁婴幼儿及其家庭提供服务的项目;“母婴幼家访计划”（Maternal，Infant，and Early Childhood Home Visiting Program，MIECHV）的目标是通过家访服务推动处境不利儿童的健康与发展。教育部的项目更多地关注婴幼儿的早期学习，如著名的“力争上游—早期学习挑战计划”（Race to the Top-Early Learning Challenge，RTT-ELC）；农业部的项目则重点关注婴幼儿的营养和成长，如“妇婴幼特殊营养补充项目”（Special Supplemental Nutrition Program for Women，Infants，and Children，WIC）主要为低收入家庭的妇女和 0~5 岁幼儿提供膳食补助、营养教育和卫生保健等服务。[①] 尽管项目众多，但由于各项目之间缺乏协调机制，致使众多有需求的 0~3 岁婴幼儿家庭难以得到所需的服务。就连覆盖很多人口，每年能为 400 多万儿童提供服务的联邦政府 WIC 项目，也未能很好地和其他儿童早期保育和教育项目进行整合，很多获得 WIC 服务的家庭并不知道他们还可以额外得到

---

① 秦炜森，蔡迎旗．美国儿童营养计划 WIC 项目的由来、内容及特色 [J]. 学前教育研究，2013(6):16.

MIECHV 服务。

（二）项目资金来源不同，相互之间缺乏融合

长期以来，美国很多服务儿童和家庭的项目是“拼接”在一起的，这些项目资金来源不同，相互之间缺乏融合，往往资金匮乏，且在资助标准与规范、管理体制方面相互独立，分散化的服务难以发挥有效作用。例如，EHS 被誉为高质量婴幼儿服务项目的“黄金标准”，但只有不到 4% 的符合资助条件的儿童能够得到服务。MIECHV 是联邦政府关注高质量婴幼儿早期学习倡议的一部分，但同样由于资金来源单一，只有 1/3 的县得到了联邦的财政资助。①

美国权威机构“0~3 岁研究中心”认为，一个良好的服务体系，其间的诸多项目应该有稳定而充足的资金来源，相互之间是无缝对接、完整统一的。②由于当下美国的婴幼儿没有纳入综合性服务体系之中，导致政策相互冲突、投入不均衡等连带问题出现，久而久之这些项目的实施变得复杂而低效。正是在此背景下，美国联邦政府激励引导各州整合相互割裂、彼此分散的服务项目，构建新型婴幼儿公共服务体系。

二、0~3 岁早期教育公共服务的创新实践

从“分散”到“整合”是美国 0~3 岁早期教育服务体系创新的显著特征，让众多有需求的家庭获得高质量服务则是整合创新的主要目标。在联邦政府重

---

① Steven R. Putansu. Cross agency priority goals in the U.S. government: Can directed collaboration be a stepping stone toward politic-centered performance?[J].policy and society,34(2015)25-35.

② Maia C. Connors. Creating cultures of learning: A theoretical model of effective earlycare and education policy[J].Early Childhood Research Quarterly, 36(2016)32-45.

视和加强 0~3 岁早期教育公共服务的背景下，一些州采用多种方式从不同的途径构建本州综合性的婴幼儿服务体系，将原本面向特定群体的政策与更大目标的儿童发展体系紧密整合在一起，形成了协同创新的 0~3 岁早期教育服务体系。

（一）制定跨部门服务政策，重视 0~3 岁婴幼儿发展

创建综合性的、具有协同工作机制的儿童公共服务体系，需要制定和实施跨机构、跨项目的政策策略。基于此，一些州在制定儿童服务政策时，重视 0~3 岁婴幼儿健康成长和发展需要，充分利用联邦政府的各项激励政策和资助项目，整合制定适合于本州的 0~3 岁婴幼儿综合服务政策和规划，为 0~3 岁婴幼儿服务的发展提供指导，其中以华盛顿州和科罗拉多州的举措最为典型。

2010 年，华盛顿州在酝酿“儿童早期学习计划”时，优先考虑并制定了 0~3 岁婴幼儿的综合性发展计划。“0~3 岁计划”围绕七大核心领域提出了实施建议，这些领域分别是：儿童健康与发展，家庭访问，父母参与，家庭、朋友和邻里照料，高质量专业人员和环境，儿童保育资助，基础设施、合作伙伴与宣传动员。[①] 这些政策建议为创建全州 0~3 岁婴幼儿基础设施、进行资金分配、提升公共利益奠定了基础。该计划中的很多建议，最终构成了 2010 年华盛顿州“儿童早期学习计划”的重要部分。

在科罗拉多州，2008 年“科罗拉多儿童早期框架”（Early Childhood Colorado Framework）的诞生，为该州儿童早期项目的有效规划和管理奠定了基础。该框架由副州长办公室领导下的不同利益相关群体共同开发，利益相关者包括所有和儿童早期发展相关的州级机构、当地的非盈利组织、基金会、大学和其

① Washington State Early Learning Plan, September 2010[EB/OL].[2015-12-16]. https://del-public-files.s3.amazonaws.com/PublicationDocs/ordering-DEL/ELP.pdf.

他私人组织，确保州政府在一个完整的、连续性的服务体系内考虑儿童和家庭的需求。目前，框架已经成为该州所有儿童体系运行的焦点，0~3 岁婴幼儿的需求在该框架中得到充分体现。这一前瞻性整合创新工作使得州政府能够充分利用新的机会，为其他联邦资助项目在本地的实施奠定基础。2015 年，科罗拉多儿童领导委员会对框架进行了更新和修订，关注 0~3 岁婴幼儿的发展，以使其能够和儿童发展的最新研究成果相一致，并体现出科罗拉多儿童早期框架在过去 7 年中取得的进步。

（二）整合资金来源渠道，创建稳定的财政支持机制

持续稳定的资金来源是保障 0~3 岁婴幼儿公共服务顺利实施的关键因素。堪萨斯州根据服务项目的资金需求和当地的实际情况，创新财政激励政策，整合扩大资金渠道，使 0~3 岁婴幼儿服务项目得以有效实施。

从 1998 年开始，堪萨斯州就积极采取措施，整合分散的资金来源，采用创新性财政支持途径，实施联邦政府的 EHS 项目。其后的政策制定者继续采用创新政策，从州的财政税收中拿出一定的资金资助孕期妇女和 0~3 岁的儿童。这一创新还为“堪萨斯儿童早期固定拨款”（Kansas Early Childhood Block Grant，ECBG）的诞生提供了成功先例。ECBG 有两项任务：其一，为处于危险中的婴幼儿及其家庭提供高质量的儿童发展服务；其二，扩大和加强 3 岁幼儿接受学前教育的机会。2013 年，该项目和另一个婴幼儿服务项目“堪萨斯聪明开端”（Smart Start Kansas）相结合，从儿童发展基金获得 1 810 万美元的专项资金，ECBG 拿出其中的 30% 用于资助婴幼儿服务的提供者。2015 年，该州通过 ECBG 为服务于处境不利婴幼儿的保育机构发放了 1 718 万美元的奖

励资金，并按照政策要求另外追加了 10% 的配套资金。①

（三）完善服务形式，创建综合服务机制

美国很多婴幼儿家庭在寻求帮助时，最大的难题之一就是服务项目过于分散，面对众多的服务项目及其各不相同的程序和限制不知何去何从。为此，康涅狄格州通过合作筛查和转诊等形式整合服务信息，在医生办公室、幼儿保育中心、婴幼儿家庭常去的其他服务场所等不同的地点设置"一站式"服务，提供综合性保育协调与咨询服务。

"助我成长"（Help Me Grow，HMG）是康涅狄格州专门为 0~8 岁儿童及其家庭提供"一站式"导航服务的信息咨询网站。该网站设置了热线电话，如果幼儿家长有任何育儿方面的咨询，都可以拨打热线电话获得帮助。如果家长在儿童发展方面遇到了困难，社区的儿童发展联络员将会对该问题开展研究或提供相应的服务，最终满足儿童和家庭的需求。HMG 不仅仅提供直接服务，还构建了包括儿童保健、早期保育和教育、家庭支持的跨领域合作体系。幼儿家庭通过医生和社区的综合性服务和集中的信息和转诊中心，在家庭和所需的项目与服务之间建立了联系。经 HMG 培训认证为儿童提供服务的医生增加了两倍。随着该项目的发展，HMG 在该州的很多社区发起了大规模的 0~3 岁幼儿发育筛查活动，以此唤起公众对于早期诊断和早期干预的重视。

康涅狄格州 HMG 重视 0~3 岁婴幼儿早期发育的行动和理念在全美产生了影响，HMG 中心逐渐发展为国家模式，成为一个以数据收集、追踪与应用为一体的综合性数据体系。

---

① Sei-Young Lee , Stephanie M. Benson. Accessing quality early care and education for children in child welfare: Stakeholders' perspectives on barriers and opportunities for interagency collaboration[J]. Children and Youth Services Review,55(2015)170-181.

（四）改进评价体系，提升婴幼儿服务质量

以州政府为主体施行质量评级与改进体系（The Quality Rating and Improvement System，QRIS），是美国促进早期教育质量提升的一项新举措。为了提高 0~3 岁婴幼儿公共服务的质量，印第安纳州积极采取措施，改善项目评价体系，将婴幼儿发展纳入 QRIS 体系。该体系提供的免费资源可以帮助幼儿家庭了解和判断早期保育和教育项目的质量，同时促使项目质量的改进与提高。印第安纳州的 QRIS 共有四个等级，每一个等级都对 0~3 岁婴幼儿的发展和保育提出了要求，婴幼儿指标涵盖保育、照看者与幼儿的互动、材料、一日生活、语言和读写发展的各个领域。当前，该州超过一半获得执照的儿童保育项目都通过参与 QRIS 为婴幼儿提供优质服务。①

（五）整合既有资源，构建跨领域专业人员发展体系

在美国 1 200 万 0~3 岁婴幼儿中，有 500 万婴幼儿处于家庭之外的保育环境中，将近一半的 3 岁以下幼儿每周有 25 个小时是由父母之外的他人照料。②无论是在保育中心、家访项目还是其他场所从事婴幼儿服务的专业人员，均需要获得一定的支持儿童学习和发展的技能。由于婴幼儿服务涉及健康、早期保育、早期教育、早期干预等多个领域的合作，因此，通过整合构建跨领域协作的专业发展体系均衡州资源，成为一些州提升婴幼儿从业人员能力的创新点。

新墨西哥州在培养婴幼儿师资队伍方面推出了两项举措。首先，将 0~3 岁

---

① Mayoral ,Maria Victoria. Supporting Babies Through QRIS: Implementation Status and Tools in U.S. States & Jurisdictions, Zero to Three [EB/OL].[2017-02-15]. https://www.zerotothree.org/resources/189-supporting-babies-through-qris-implementation-status-and-tools-in-us-states-jurisdictions#downloads.

② Zero to Three. A Place to Get Started: Innovation in Infant and Toddler State Policies [EB/OL]. [2016-08-20]. http://www.zerotothree.org/public-policy/policy-toolkit/a_place_to_get_startedsinglesmar5.pdf.

早期教育研究课程纳入“家庭婴幼儿研究”。在新墨西哥州儿童发展办公室的批准下，新墨西哥州创建了 0~8 岁儿童及其家庭从业人员专业发展体系，创建了一整套“婴幼儿追踪研究计划”。参与该项计划的专业人员主要为家访工作者和早期干预工作者。其次，该州创建的“新墨西哥儿童网站”开辟了为 0~3 婴幼儿保育机构、家庭、从业人员、培训和技术援助机构提供系列服务和信息咨询的平台。这些公共政策的制定与实施，为婴幼儿从业人员专业能力的提高创造了新的机会和途径。

此外，在加利福尼亚州，该州利用婴幼儿专家网络推出了“孕期至 3 岁从业人员发展项目”，形成了包括早期保育和教育、早期诊断和干预、婴幼儿心理健康、身体健康、社会服务 / 儿童福利五大领域的工作团队，该团队对上述各领域从业人员的专业能力进行了界定，制定了服务于孕期到 3 岁的多学科工作人员跨领域核心能力标准。此外，加利福尼亚儿童发展培训协会还开发了婴幼儿早期保育和教育教师培训计划，推出了上百项婴幼儿师资培训课程。目前有多所社区学院开设协会认可的婴幼儿课程，有 7000 多人通过了婴幼儿保育与教育培训项目的培训，成为备受社会和家长欢迎的婴幼儿教师，表明加州在跨领域协作提高社区婴幼儿从业人员的能力方面迈出了一大步。

三、对我国 0~3 岁早期教育公共服务的启示

从美国 0~3 岁早期教育公共服务的创新实践可以看出，这些州的整合举措各不相同，创新亦没有固定模式，但都是以 0~3 岁早期教育服务体系为基础，结合本州特定背景和具体情况进行最佳整合，创新、协作、跨部门合作是其共同特征。当前我国政府主导的公益性早期公共服务资源普遍严重匮乏，现有的

早期教育服务机构多为工商部门注册，过于分散，缺少统一的行业标准和有效的教育监管。针对早期教育服务的公共政策也不健全，以至于陷入管理的“真空”。探索构建我国0~3岁早期教育服务体系，美国0~3岁婴幼儿服务的整合创新实践值得我们借鉴。

（一）制定国家政策，引领和规范早期教育有序发展

2013年教育部在全国14个地区开展了0~3岁早期教育试点，一定程度上推动了我国0~3岁早期教育的发展。但我国目前尚未有全国性的0~3岁早期教育政策或法规，现有的相关政策也都散见于各地的相关法规之中。我国应在实施试点的基础上，尽快出台全国性的0~3岁早期教育政策法规，为各省市制定适合本地的地方性法规提供依据和指南，以引领和规范我国婴幼儿早期教育公共服务的发展。

（二）设置专门机构，统一管理和协调相关部门工作

目前虽有多个政府部门管理职责中涉及0~3岁婴幼儿公共服务问题，但是并没有明确划分相关部门的职责。部门职责严重不明，导致政府相关部门缺乏对0~3岁早期教育的监管，因此急需探索制定婴幼儿早期教育服务机构的准入、从业人员管理、质量监管等方面的管理制度和措施。针对婴幼儿公共服务管理“真空”现象，建议各级政府设置专门管理机构，统一管理和协调相关部门工作，明确各有关部门的管理职责和分工，构建综合性的0~3岁婴幼儿公共服务体系。

（三）增加财政投入，建立财政资金与社会资本共同参与的投资体制

当前，我国 0~3 岁早期教育以社会资本为投资主体，公共服务缺乏财政投入渠道和资金来源，政府投入严重不足。民办早教机构提供的商业服务收费高，覆盖面低，难以满足众多家庭的普遍需求。这种单一的商业化运作模式难以提升我国婴幼儿公共服务的质量。我国各级政府应在加大财政投入力度的同时，制定完善相关政策，吸纳企业、私人和慈善资金等社会资本积极参与，共同构建公益、普惠、综合性的 0~3 岁早期教育公共服务体系。

（此文发表于《教育评论》，2019 年第 12 期）

附录四　跨部门合作：早期托育服务改革路径新探

摘　要　我国早期托育服务供给涉及教育、妇女、卫生、计生等多个部门和早教机构等主体，如何提高各部门管理效率、整合资源，为社会提供高质量的早期托育服务，是我们要探索的重要问题，无疑跨部门合作将为解决这一问题提供新的思路。本研究从跨部门合作视角入手，分析当前我国早期托育服务碎片化的现实困境，提出跨部门合作与服务整合的早期托育公共服务改革路径，以供参考。

关键词　碎片化服务，跨部门合作，早期托育服务

随着我国全面两孩政策的施行，新生人口逐年增加，据国家统计数据显示，2017 年我国出生人口 1 723 万，目前全国 0~3 岁的婴幼儿人口总数约为 5100 万，如此庞大的数字，也意味着社会对早期托育服务存在着巨大需求。然而，我国专业的早期托育服务供给却严重不足，据国家卫生计生委公布的数据，当前我国托育服务短缺非常严重，0~3 岁婴幼儿在我国各类托育机构的比例仅为 4%，远低于发达国家的 50%；[①] 而且，还存在专业的早教师资严重匮

---

① 李沛霖，王晖，丁小平，傅晓红，刘鸿雁．对发达地区 0~3 岁儿童托育服务市场的调查与思考—以南京市为例 [J]. 南方人口，2017（2）.

乏，相关的行业标准尚无，早期托育服务管理归属不明等一系列亟待解决的问题，这都与社会日益增长的婴幼儿托育需求极不相称。因此，本文将从跨部门合作的角度，探讨早期托育服务改革的路径。

一、跨部门合作：早期托育服务改革的新思路

跨部门合作的起因缘于专业化分工所带来的碎片化，但应当明确的是，之所以需要合作，就是为了互补，是借对方有而自己没有的资源来达成目标，实现合作双方的“共赢”。①

尤金·巴达赫在他的著作《跨部门合作——管理“巧匠”的理论与实践》中把跨部门合作界定为“两个或者两个以上的机构从事的任何共同活动，通过一起工作而非独立行事来增加公共价值”，其方式包括共同合作调配人力和财力资源，设计良好的组织运作系统并实施有效管理，在追求的主要目标和多种次级目标间的平衡上达成共识并保持共识，创造有效的合作文化或良好的人际关系准则，获取政治家的认可和支持等。他认为，跨部门合作事实上解决的是公共行政中组织分工未实现所期待的最优局面的问题，这是一种行为取向和过程取向而并非结构取向。② 在公共管理改革中比较受追捧的跨部门合作的典型形式主要有协同政府（Joined-up Government）、整体政府（Whole of Government）、跨部门协作（Cross-agency Collaboration）等，其中，“协同政府”对我国早期托育公共服务改革最具借鉴意义，“协同政府”作为一种跨部门合作形式，其核心目的是通过整合相互独立的各种组织以实现政府所追求的共同目标。基本观点是：公共政策目标的实现既不能靠互相隔离的政府部门，也不能

① 孙迎春．国外政府跨部门合作机制的探索与研究 [J]. 中国行政管理，2010（7）.

② 陈曦．跨部门合作机制对我国政府的启示 [J]. 学术探索，2015（4）.

靠设立新的“超级部门”，而是围绕特定的政策目标，在不取消部门边界的前提下实行跨部门合作。这种合作是全面的，包括公私部门合作，政府与非政府合作，政府部门之间合作，中央和地方政府之间合作等。而把具有不同性质、目标、管理模式和动力机制的组织整合起来的关键既不是行政命令，也不是市场竞争，而是信任。①这种观点明确了跨部门合作的前提、主体、形式及保障，这也正是解决我国当前托育服务体制问题应努力的方向。

二、部门壁垒与碎片化服务：早期托育服务的现实困境

我国政府在《国家中长期教育改革和发展规划纲要（2010—2020年）》中明确提出“重视0~3岁婴幼儿早期教育”；2013年教育部下发《关于开展0~3岁婴幼儿早期教育试点的通知》，对我国早期托育服务体系的构建做了明确指导和部署。近几年来，我国各地政府也在努力探索符合本地实际的早期托育服务体系，但综观我国托育服务供给体系会发现，在管理体制、资源配置、师资培养培训、质量监管等方面还存在诸多亟待解决的问题。

（一）虽有多方主体介入但权责不明，碎片化服务明显

我国早期托育事业的发展涉及教育、卫生、妇女、计生等多个部门和早教机构、社区等主体，在早期托育服务实践中，各部门主体各自为政、权责不明、相互推诿，碎片化服务现象明显。首先，作为早期教育事业的整体规划者、管理者和实施者之一的政府还没有作为牵头部门，从保障早期托育服务发

① 张荣昌，邱国兵．追求合作治理：政府职能转变的逻辑规则——以宁波市为例[C]//中国行政管理学会2008年哲学年会论文集，2008.

展的高度，出台全国性的早期教育相关的法律法规、发展规划、行业标准、财政投入制度、师资建设制度等政策性文件。在行政归属上，我国早期托育服务归卫生部门管理，但卫生部门只负责婴幼儿的防疫、卫生监管等，无暇顾及教育；在教育归属上，0~3 岁早期托育属于基础教育范畴，就目前的现状来看，0~3 岁早期托育往往被看作幼儿园业务的延伸，在基础教育领域处于“边缘”地位，虽有顾及但鞭长莫及。作为当前市场上托育服务供给主力军的民办早教机构，由于受商业利益的驱使，趋利现象明显，缺乏提供公益性托育服务的动力。作为最接近婴幼儿的社区，虽有地理资源优势，但由于社区人员职能范围有限，也很难发挥资源优势。随着社会对婴幼儿早期托育事业的需求日益增强，早期托育体制性问题日益凸显，导致最需要高质量早期托育服务的广大家庭很难享受到应有的服务。

（二）虽有多方服务供给但缺乏合作，资源难以整合

目前我国早期托育服务机构主要有三大类：第一类是由政府财政投入的公立幼儿园中开设的幼托班，一般接收 2 周岁以上的幼儿，其师资来源主要是幼儿园的兼职老师，由于各地教育局幼教经费有限，对这类托幼机构的经费投入更是微乎其微，其数量和招收的幼儿也很有限，根本无法满足广大家庭对早期托育服务的需求。第二类是由妇联、妇幼保健院或各类婴幼儿用品销售单位举办的公益家长讲座或亲子课堂，这类机构尽管经费相对宽裕，但开展的早期托育服务由于受人员数量、服务形式、活动场地、活动时间等方面的局限，难以惠及所有适龄儿童。第三类是民办的婴幼儿早期教育机构，这类机构完全由民间个人或团体投入资金开办，收费比较昂贵，虽机制比较灵活，但也面临执照审批困难、运营成本高、师资队伍不稳定、生源不足、缺乏专业指导等一系列

问题。目前早期托育服务虽然是多主体供给，但总量依然明显不足，缺乏政府统一引导，缺乏相同的价值追求及合作交流的平台，资源难以优化整合。

（三）虽有政策重视但无行业标准，质量监管出现“真空”

纵观我国政府出台的教育政策，曾多次提到要重视早期托育。但迄今为止，都没有出台相关的法律法规，更没有相关早教机构资质标准，师资准入、考核、培训标准等，导致对早教机构质量难以监管。在我国申办私立早教机构，需要向工商部门注册申请营业执照，还需要到卫生部门登记备案，这就使得其管理上既属于教育，又属于工商，还属于卫生等多个部门。但由于缺乏相应的法律法规和资质标准，工商、卫生等部门无法对其教育质量、师资水平和课程设置等进行评价，他们通常会认为这是教育部门的事情，而教育部门则认为他们并没有在本部门注册，在行政归属上当然也不属于本部门的监管范围，这就会出现各部门间的推诿，造成监管上的“真空”。早教机构在教师资质和培训方面，基本上都是各自为政，由机构自己把握，不受任何部门监管。很多私立早教机构为节约成本，对师资和培训要求普遍偏低，其教师来源五花八门，有幼儿园教师，也有具有外语、艺术类专业的毕业生，还有医学毕业生等，这些人往往经过机构的短期内部培训就匆匆上岗，这样的师资队伍很难胜任早期托育的工作，其提供的早期托育质量令人担忧。

三、体制重建与服务整合：早期托育服务供给的路径选择

（一）明晰各部门的职能范围和权限，建立跨部门合作长效工作机制

0~3 岁婴幼儿早期托育作为一项社会各界都关注的重大民生工程，解决其发展问题绝非是某一个部门的事情，它需要多个部门齐心协力，共同努力才能实现。因此，需要建立跨部门合作的长效工作机制。政府作为整个教育事业的规划者、管理者也是最大的受益者，应当作为牵头部门在早期托育服务的规划、投入和监管等方面承担相应的职责，明晰各部门的职能范围和权限，明确各有关部门的管理职责和分工，理顺各主体之间的关系，建立由政府主导，教育部门和卫生部门分工负责，妇女、计生等有关部门协调配合的 0~3 岁婴幼儿早期托育服务跨部门合作工作体制，为 0~3 岁婴幼儿早期托育的健康发展提供制度保障。例如，上海市为加强多领域、多部门的合作，各区县教育局、妇联、卫生局和人口计生委四部门联合发文，建立了 0~3 岁婴幼儿早期托育指导服务联席会议制度，四部门联合挂牌，成立社区 0~3 岁婴幼儿早期托育指导服务基地。[①] 这一创新举措，有效地促进了上海市 0~3 岁婴幼儿早期教育的健康快速发展，对其他城市的早期教育发展也有很强的示范作用。

---

① 张明红，左志宏，冀彩虹．上海市 0~3 岁婴幼儿早期托育指导服务的实践与思考 [J]. 幼儿教育，2010（2）.

（二）成立 0~3 岁早期托育协会，搭建跨部门合作交流平台

针对我国早期托育资源总量供给不足，各部门教育资源难以整合、信息难以共享的现状，应由政府提供经费、制度等各项保障，由教育、妇女、卫生、计生等各部门联合组建合作交流平台，充分发挥各部门优势，最大程度地整合和优化各部门资源，最大程度地增强部门之间的合作与早期托育服务的整体化，最大程度地减少部门之间的壁垒和碎片化服务，为广大家庭提供无缝隙早期托育服务。具体来讲，首先，应由政府牵头，由各职能部门及早教机构等为成员单位成立“0~3 岁婴幼儿早期托育协会”，定期召开成员会议，共同协商制定 0~3 岁婴幼儿早期托育的重大政策和重大事宜，研究婴幼儿早期托育方面存在的重大问题，发挥多部门早期托育服务内容之间的协调、统筹、策划、改革等职能，不断提出服务体制改革新举措。① 其次，充分利用网络资源，建立早期托育服务信息网，整合各部门和成员单位的早期托育服务信息，通过手机客户端、微信公众号、微信群等途径，推送优质早期托育资源，为广大家庭提供最大的服务便利。再次，充分利用“0~3 岁婴幼儿早期托育协会”平台，每年设计一定数量的早期托育跨部门合作服务课题研究项目，并设立专项课题研究经费，推动跨部门合作服务机制的深入进行。

（三）联合研发 0~3 岁婴幼儿早教行业相关标准，优化监管流程

目前，我国尚未出台 0~3 岁婴幼儿早期托育服务机构的市场准入、从业人员管理、服务质量监管等方面的标准体系，这也导致了我国早教市场的管理无章可循，陷入谁都想管谁也管不了的混乱状态。从长远来看，0~3 岁婴幼儿早期托育的发展应有一个全国性的基本标准体系，从而保证我国早期托育机构的

① 陶希东．跨部门协作：青少年服务跨界整合及政策 [J]. 当代青年研究，2013（3）：52-57.

执照审批、运营管理、收费标准、质量评价以及从业人员准入、管理等都有章可循，相关部门也能对其进行有效监管。为此，政府应组织教育、卫生、妇女、计生等相关部门和早教机构等主体，结合我国现阶段的早期托育发展现状，借鉴国外先进经验，围绕早教机构的申办条件、审批程序、运营管理、服务形式、质量评估、课程内容设置、早教人员从业资格等展开进一步的研究和探索，尽快联合研发和出台全国性的基本标准体系，使早教机构的设立、运营和管理有章可循。此外，政府还应充分整合利用社区内卫生服务中心、家政服务机构等专业人才资源，并与职业院校做好对接工作，建立相应的激励机制，充分调动职业院校积极性，从而加大早教师资、婴幼儿营养师等专业人才的培养力度。在托育服务机构的规划、投入、管理、评价等方面逐步建立长效机制，推进托育公共服务的法律体系建设，使政府部门和社会组织在托育服务发展中有法可依。①

（此文发表于《桂林师范高等专科学报》，2019 年第 3 期）

① 申秋红．托育服务相关政策：国际经验及其启示 [N]. 中国人口报，2017 年 7 月 20 日．

参考文献

一、中文文献

[1] 林秀锦 . 美国的早期保育与教育 [M]. 南京：江苏教育出版社，2006.

[2] 万迪人，谢庆 .0~3 岁婴幼儿早期教育事业发展与管理 [M]. 上海：复旦大学出版社，2011.

[3] 张民生 .0~3 岁婴幼儿早期关心与发展的研究 [M]. 上海：上海科技教育出版社，2007.

[4] 丹尼斯•缪勒 . 公共选择理论 [M]. 杨春学 , 译 . 北京：中国社会科学出版社，1999：126

[5] 佘宇，张冰子 . 构建 0~3 岁婴幼儿早期发展服务体系研究 [M]，北京：中国发展 出版社，2016.

[6] 尤金•巴达赫 . 跨部门合作——管理“巧匠”的理论与实践 [M] 周志忍，张弦 , 译 . 北京：北京大学出版社，2010.

[7] 陈红梅 .0~3 岁婴幼儿早期教育共同体的建构与保障 [J]. 学前教育研究，2011，（8）：21-24.

[8] 陈曦 . 中国跨部门合作问题研究 [D]. 长春：吉林大学，2015.

[9] 霍力岩，齐政珂．全面整合学前儿童服务体系——走向“保教一体化”的英国学前教育 [J]. 比较教育研究，2010（05）：81-85.

[10] 刘小强，王德清．美国早期教育弱势资助政策研究 [J]. 比较教育研究，2012，34（11）：81-85.

[11] 庞丽娟，范明丽．“省级统筹以县为主”完善我国学前教育管理体制 [J]. 教育研究，2013（10）：24-28.

[12] 孙迎春．国外政府跨部门合作机制的探索与研究 [J]. 中国行政管理，2010.（07）：102-105.

[13] 曾晓东，张丽娟．OECD 国家早期教育与服务财政支出研究 [J]. 比较教育研究，2007（11）55-59.

[14] 张瑞瑞，王晓芬．社会期待与美国社会早期教育和保育发展趋势及启示 [J]. 外国教育研究，2013（02）80-87.

[15] 张明红，左志宏，冀彩虹．上海市 0~3 岁婴幼儿早期教育指导服务的实践与思考 [J]. 幼儿教育（教育科学），2012（01）81-85.

[16] 张茂聪．教育公共性的理论分析 [J]. 教育研究与评论：中学教育教学，2010（1）：91.

[17] 周兢，陈思，郭良菁．国际学前教育公共经费投入趋势的比较研究 [J]. 全球教育展望，2009（11）65-72.

[18] 周萱．我国婴幼儿早期教育政府职能分析——以扬州市为例 [D]. 扬州：扬州大学，2014.

[19] 李沛霖，王晖，丁小平，等．对发达地区 0~3 岁儿童托育服务市场的调查与思考——以南京市为例 [J]. 南方人口，2017，32（02）：71-80.

[20] 何鹏程．教育公共服务体系构建研究 [D]. 上海：华东师范大学，2012

[21] 王兴华．德国学前教育的发展现况和未来趋势 [J]. 比较教育研究，

2015，37（03）：107-111.

[22] 刘中一 . 家庭式托育的国际经验及其启示 [J]. 人口与社会，2017，33（03）：90-95.

[23] 董素芳 . 美国 0~3 岁早期教养人员从业资格的制定及对我国启示的研究 [D]. 上海：华东师范大学，2014

[24] 杨雪燕，等 .0~3 岁托育服务模式评估与发展建议 [N]. 中国妇女报，2018-06-05 .

[25] 刘昆，郭力平 . 当前欧美国家基于“治理”理念的早期儿童服务管理职能变革 [J]. 现代教育管理，2017（04）：118-123.

[26] 张晓梅，赵茜 . 美国婴幼儿专家协同工作体系的发展与实践 [J]. 早期教育（教师版）2016（7）：36-38.

[27] 秦炜森，蔡迎旗 . 美国儿童营养计划 WIC 项目的由来、内容及特色 [J]. 学前教育研究，2013（6）：16-20.

[28] 张晓梅，宋占美 . 美国 0~3 岁早期教育公共服务的创新及启示 [J]. 教育评论，2018（12）：54-57.

[29] 陈曦 . 跨部门合作机制对我国政府的启示 [J]. 学术探索，2015（4）：23-28.

[30] 申秋红 . 托育服务相关政策：国际经验及其启示 [N]. 中国人口报，2017 年 7 月 20 日

[31] 陶希东 . 跨部门协作：青少年服务跨界整合及政策 [J]. 当代青年研究，2013（02）：52-57.

[32] 王峥 . 上海以社区为基础的 0−3 岁儿童服务机构的运行走向研究 [D]. 上海：华东师范大学，2005.

[33] 洪秀敏，陶鑫萌 . 改革开放 40 年我国 0~3 岁早期教育服务的政策与实

践 [J]. 学前教育研究，2019（02）：3-11.

[34] 姜勇，李芳，庞丽娟 . 普惠性学前教育的内涵辨析与发展路径创新 [J]. 学前教育研究，2019（11）：13-21.

[35] 袁媛，杨卫安 . 新中国成立 70 年学前教育的社会属性定位与供给制度变迁 [J]. 教育学术月刊，2019（10）：43-49.

[36] 蔡迎旗，王佳悦，张亮 . 我国学前教育供给模式的演变历程与展望：1949—2019[J]. 华中师范大学学报（人文社会科学版），2019，58（05）：25-37.

[37] 张雪 . 学前教育普及化过程中供给方式的选择及影响——基于美国两州学前教育的比较研究 [J]. 学前教育研究，2019（06）：3-13.

[38] 孙贺群 . 理想政策的实践困境：美国早期教育质量评级与提升系统运行中的问题与启示 [J]. 外国教育研究，2017，44（01）：27-40.

[39] 张斌贤 . 艰难的创业：美国高等教育早期历史的特征与成因 [J]. 高等教育研究，2015，36（11）：77-82.

[40] 王萍，王娜，蒋思 . 美国“力争上游——早期学习挑战”计划（RTT-ELC）的“核心领域”与启示 [J]. 现代教育管理，2015（06）：31-35.

[41] 马君艳 . 美国各州早期学习标准中“学习品质”领域的内容分析及启示 [D]. 金华：浙江师范大学，2015.

[42] 蒋思 . 美国华盛顿州早期教育机构教育质量评价体系研究 [D]. 长春：东北师范大学，2015.

[43] 扶跃辉，李燕 . 美国“以家庭为中心”的早期教育 [J]. 外国中小学教育，2015（05）：22-27.

[44] 杨菊华 . 强化监管 质量优先 [N]. 中国妇女报，2019-05-29（005）.

[45] 杨菊华 . 配套支持 人财保障 [N]. 中国妇女报，2019-05-22（005）.

[46] 刘中一 . 公共服务民营化趋势与我国策略选择——以托育为例 [J]. 学

术探索，2019（05）：34-40.

[47] 时扬．婴幼儿托育服务政策的国际比较及对我国的启示 [D]. 上海：华东师范大学，2019.

[48] 刘中一．我国托育服务的历史、现状与未来 [J]. 经济与社会发展，2018，16（04）：70-74.

[49] 杨菊华．论政府在托育服务体系供给侧改革中的职能定位 [J]. 国家行政学院学报，2018（03）：89-96+155.

[52] 蒋永萍．重建并完善婴幼儿托育公共服务体系 [N]. 中国社会科学报，0018-06-27（005）.

[51] 张本波．健全 0-3 岁婴幼儿托育服务体系 [N]. 中国社会科学报，2018-05-30（005）.

[52] 赵建国，王瑞娟．我国幼托服务供给模式选择及实现路径 [J]. 社会保障研究，2018（03）：84-91.

[53] 王月玖．美国伊利诺伊州早期教育机构质量评价标准的研究 [D]. 长春东北师范大学，2018.

[54] 韦素梅．上海市托育供需现状调查及对早教中心职能的再思考 [D]. 上海：华东师范大学，2018.

二、外文文献

[1] Gene Falk，Temporary Assistance for Needy Families（TANF）：Size of the Population Eligible for and Receiving Cash Assistance[EB/OL].（2017-1-3）[2017-2-16] https：//fas.org/sgp/crs/misc/R44724.pdf.

[2] Based on Authors’ Calculations from Food and Nutrition Service,“WIC Program,” [EB/OL]. [2015-5-18]http://www.fns.usda.gov/pd/wic-program.

[3] Maryam Adamu and others, Aligning and Investing in Infant and Toddler Services”(Washington: Center for American Progress, 2014) [EB/OL].[2015-4-20] https://cdn.americanprogress.org/wp-content/uploads/2014/10/InfantToddler-report.pdf.

[4] Maternal, Infant, and Early Childhood Home Visiting Program[EB/OL].[2014-10-20].http://mchb.hrsa.gov/programs/homevisiting/homevisiting.pdf/.

[5] Infant, and Early Childhood Home Visiting Program Partnering with Parents to Help Children Succeed(U.S.Department of Health and Human Services, 2015), [EB/OL].[2016-10-21]http: //mchb.hrsa.gov/programs/homevisiting/programbrief.pdf.

[6] Rachel Herzfeldt-Kamprath and Katie Hamm, Emerging State and Community, Strategies to Improve Infant andToddler Services, June 2015. [EB/OL].

https: //cdn.americanprogress.org/wpcontent/uploads/2015/06/InfantToddlerAlignment-report2.pdf

[7] Early Experiences Matter: A Guide to improved policies for Infants and Toddlers.200 9[EB/OL]. [2016-2-10]

http://main.zerotothree.org/site/DocServer/Policy_Guide.pdf? docID=8401.

[8] Julie Spielberger, Wladimir Zanoni, and Elizabeth Barisik. Collaboration and Subsidized Early Care and Education Programs in Illinois, 2013 [EB / OL].[2014-04-10].http://files.eric.ed.gov/fulltext/EJ1 020 834.pdf.

[9] Washington State Early Learning Plan, September 2010[EB/OL].[2015-12-16]. https: //del-public-files.s3.amazonaws.com/PublicationDocs/ordering-DEL/ELP.

pdf.

[10] Keeping the Promise：Children’s Initiatives Fund/Kansas Endowment for Youth[EB/OL]. [2016-1-20].http：//kac.org/wp-content/themes/KAC/images/PDFs/3-CIFKEY.pdf.

[11] Zero to Three. A Place to Get Started：Innovation in Infant and Toddler State Policies，May 6，2016[EB/OL]. [2016-08-20].http：//www.zerotothree.org/public-policy/policy-toolkit/a_place_to_get_startedsinglesmar5.pdf

[12] Successful Start[EB/OL].[2016-3-10].

http：//health.ri.gov/programs/detail.php？ pgm_id=32/.

[13] Family Visiting[EB/OL].[2016-3-10]. http：//www.health.ri.gov/familyvisiting/.

[14] Connecticut Help Me Grow[EB/OL].[2016-1-18]. http：//www.ct.gov/oec/cwp/view.asp？ a=4544&q=535 732.

[15]Help Me Grow National Center[EB/OL].[2016-1-18]. http：//www.helpmegrownational.org/.

[16] About ABCD[EB/OL].[2016-3-2].http：//www.nashp.org/abcd-history/.

[17] Julie Doetsch，Comments：Six Years of ABCD，February 20，2013[EB/OL].[2015-12-16].

http：//nashp.org/sites/default/files/abcd/ABCDresources.org/IL%20Comments%20Six%20Years%20of%20ABCD.pdf.

[18] Paths to QUALITY[EB/OL].[2016-2-25].http：//childcareindiana.org/.

[19] Mayoral，Maria Victoria. Supporting Babies Through QRIS：Implementation Status and Tools in U.S. States & Jurisdictions，Aug. 2016[EB/OL].[2017-02-15]. https：//www.zerotothree.org/resources/189-supporting-babies-through-qris-im-

plementation-status-and-tools-in-us-states-jurisdictions#downloads.

[20] Quality Infant/Toddler Care[EB/OL].[2015-09-12]. http：//forourbabies.org/learn-more/quality-care/.

[21] Supporting Working Families with High-quality Early Care and Education，January 23，2014 [EB/OL]. [2016-05-04]. http：//www.acf.hhs.gov/sites/default/files/occ/supporting_working_families_report.pdf.

[22] New Mexico Kids[EB/OL]. [2016-03-02].https：//www.newmexicokids.org//.

[23] Research-Informed Policy Options for Infant and Toddler Early Care and Education：Research-to-Policy Resources，May 2016 [EB/OL].[2016-05-13].

http：//www.researchconnections.org/childcare/resources/31 820/pdf.

[24]McMullen，Mary B.，Dixon，Susan. Building on Common Ground：Unifying Practice with Infant/Toddler Specialists through a Mindful，Relationship-Based Approach [J]. YC Young Children，2006，(7)：46.

[25]National Infant & Toddler Child Care Initiative.（2011）.Infant/Toddler Specialist Networks factsheet，2011[EB / OL] .[2015-07-13].

http：//www.zerotothree.org/public-policy/state-community-policy/nitcci/infant-toddler-specialist-network.pdf.

[26] Foundation for Success：Shared Knowledge，Skills and Attitudes for the Cross-Sector Prenatal Through Age Three Workforce. ZERO TO THREE，2013. [EB/OL].[2015-12-15].

http：//120.52.72.44/www.zerotothree.org/c3pr90ntcsf0/wo/assets/docs/ztt_matrixbrochure_fnlpr6-singlepages.pdf

[27] California Early Care and Education Child Development Professional Re-

source Guide，2015-2016[EB/OL]. [2016-07-21]. https：//www.childdevelopment.org/cs/cdtc/print/htdocs/home.htm.

[28] BUELL，MJ，HALLAM RA，et al.Early Head Start and Child Care Partnerships：Working Together to Serve Infants，Toddlers，and Their Families[J].Young Children，2001，56（3）.

[29] PUTANSU S R Cross agency priority goals in the U.S. government：Can directed collaboration be a stepping stone toward politic-centered performance？[J]. Policy and Society，2015，（1）：25-35.

[30] SELDEN S C SOWA et al..The Impact of Nonprofit Collaboration in Early Child Care and Education on Management[J]. Public Administration Review，2006，66（3）.

[31] SHONKOFF J P PHILLIPS D A. From Neurons to Neighborhoods：The Science of Early Child hood Development[M]. Pittsburgh: National Academy Press，2000.

后 记

本书是在我主持的全国教育科学规划“十三五”规划2016年度教育部重点课题“0~3岁早期教育公共服务跨部门合作机制研究”（DHA160301）研究成果的基础上，结合该课题2019年结项前后我国针对发展3岁以下婴幼儿照护服务出台的一系列新政策完成的。

该课题2016年立项时，我国0~3岁早期教育服务机构多为市场监管部门注册，缺少统一的行业标准和有效的教育监管，针对早期教育服务从业人员的资格认定、职业准入制度也不健全，以至于陷入管理的“真空”。2016年1月1日我国“两孩政策”全面实施，人们对优质0~3岁早期教育服务更为期待。无论在规模上，还是在数量上，我国当时的0~3岁早期教育服务都无法满足家庭的需要，究竟怎样才能满足人们对优质0~3岁早期教育服务的期待非常值得研究。

我国政府历来重视婴幼儿的健康成长，在《国家中长期教育改革和发展规划纲要（2010—2020年）》中明确提出“重视0~3岁婴幼儿早期教育”，2013年教育部下发《教育部办公厅关于开展0~3岁婴幼儿早期教育试点的通知》，力图为我国0~3岁婴幼儿早期教育探索出“中国之路”。2019年5月，国务院办公厅出台的《关于促进3岁以下婴幼儿照护服务发展的指导意见》明确指出，要以需求和问题为导向，推进供给侧结构性改革，建立完善促进婴幼儿照护服务发展的政策法规体系、标准规范体系和服务供给体系，充分调动社会力量的积极性，多种形式开展婴幼儿照护服务，逐步满足人民群众对婴幼儿照护服务的需求。随后各级地方政府、各有关部门也陆续出台了一系列政策、规范和标准。这必将推动构建多部门共同参与、相互合作的机制，改善我国0~3岁婴幼儿早期教育公共服务，促进我国0~3岁婴幼儿早期教育的健康发展。

本课题的顺利结题离不开课题组成员的通力协作，本书的顺利完成离不开专家的悉心指导，在此表示诚挚感谢！

因本人理论水平和政策把握能力有限，书中难免有疏漏和不足之处，恳请读者、同人和各位师友批评指正，以后有机会再进行补充和完善。

张晓梅

2021年7月齐鲁师范园